한국의 평등주의, 그 마음의 습관

한국의 평등주의, 그 마음의 습관

2006년 3월 17일 초판 1쇄 발행
2017년 8월 25일 초판 12쇄 발행

지 은 이 | 송호근
펴 낸 곳 | 삼성경제연구소
펴 낸 이 | 차문중
출판등록 | 제1991-000067호
등록일자 | 1991년 10월 12일
주   소 | 서울시 서초구 서초대로74길 4(서초동) 삼성생명서초타워 30층
전   화 | 02-3780-8153(기획), 02-3780-8084(마케팅), 02-3780-8152(팩스)
이 메 일 | seribook@samsung.com

ⓒ 송호근 2006
ISBN | 978-89-7633-298-1 04320
        978-89-7633-211-0 (세트)

삼성경제연구소 도서정보는 이렇게도 보실 수 있습니다.
홈페이지(http://www.seri.org) → SERI 북 → SERI 연구에세이

047 **SERI** 연구에세이

한국의 평등주의, 그 마음의 습관

송호근 지음

삼성경제연구소

1831년 미국을 방문했던 프랑스의 사회학자 토크빌(Tocqueville)은 미국인들이 이론으로만 논의되던 자유와 평등을 삶의 양식에 그대로 체화하고 있다는 사실에 놀랐다. 로크나 루소 같은 사회 사상가도 없이 '제 조건의 평등'이 자유를 바탕으로 실현되고 있는 모습은 정치혁명의 발원지인 프랑스에서도 목격하지 못한 풍경이었다. 토크빌은 11개월 동안의 여행 기록을 《미국의 민주주의》로 집약했는데, 그 책의 말미에 매우 의미심장한 예언을 남겼다. "향후 세계 강대국으로 등장할 국가는 미국과 러시아이다. 미국은 자유와 평등에서 우러나오는 자발적인 힘으로 강대해질 것이고, 차르 체제의 러시아는 집단적 동원이 국력의 원천이 될 것이다." 토크빌의 예언은 적중했다. 20세기 세계질서는 미국과 소련으로 재편되었다.

토크빌이 21세기 한국을 방문한다면 뭐라고 했을까? 아마도 한국민들의 마음 깊이 내재되어 있는 평등주의적 심성을 감지했을 것이다. 그것은 놀랄 만큼 위력적인 것이어서 토크빌조차도 한국의 평등주의가 어디에서 발원했는지 매우 궁금해할 것이 분명하다. 그리고 175년 전의 미국과는 달리 평등 지향적 심성이 '자유'라고 하는 필수불가결한 가치와 짝을 이루지 않

고 있으며, 역사와 상황 변화에 따라 제멋대로 수용되어왔다는
사실에 또 한 번 놀랄 것이다. 평등주의는 발전의 원동력이다.
그러나 자유주의 사상과 짝을 이루지 않을 때 그것은 급진적
이념으로 발화할 위험을 내포한다. 자유주의로 견제된 평등
이념, 시민사회적 윤리와 교양으로 정제된 평등 이념, 이것이
우리가 지향해야 할 목표다.

　이 짧은 글이 기대하는 바가 바로 이것이다. 우리 마음속에
내재되어 있는 평등주의적 심성—이 글에서 '마음의 습관' 이
라고 표현한—이 자유롭고 정의로운 사회를 일구는 추진력,
혹은 왜곡된 가치와 행위양식을 수정하는 건강한 복원력이 되
기를 바라는 뜻을 담고자 했다. 그러나 사회과학적 연구는 그
자체 해결책이 되지 못한다. 다만 해결을 향한 화두(話頭) 정도
라도 된다면 바랄 것이 없다.

서울대학교 연구실에서

송호근

차 례

I

평등 지향적 한국인, 한국 사회

선택이 빚은 격차

정부가 서울 강남의 집값과 한창 씨름을 하던 2005년 늦은 봄, 신문 독자투고란에 이런 내용의 글이 실렸다. 자신과 친구는 북악산 기슭에 일찌감치 집을 짓고 자연을 벗 삼아 같이 살았는데, 어느 날 친구는 집을 팔고 강남 아파트로 이사를 단행했고 자신은 남았다는 것이다. 그런데 십 수년의 세월이 지나자 강남 집값이 폭등을 거듭해 결과적으로 재산 격차가 엄청나게 벌어지게 되었다. 그 친구 생각만 하면 상대적 박탈감에 몸서리쳐지기에 정부가 집값 안정에 제발 주력해주기를 바란다는 것이었다. 집값 안정은 정부뿐 아니라 모든 국민의 염원이다. 그 글의 필자가 간곡히 당부한 것은 집값 안정도 그러려니와 쓸데없는 상대적 박탈감으로부터의 해방이다.

평생을 언론에 종사해온 어떤 언론인은 집값 앙등 때문에 지방에서는 민란(民亂) 일보 직전이라는 과격한 표현도 서슴지 않았다. 세계 어느 국가나 경제 성장은 주택 가격의 상승을 불러온다. 그런데 집값 앙등이 특정 지역에만 국한된다면 분명 성장의 결실이 불평등하게 분배됨을 뜻한다. 강북 지역의 집값이 '어느 정도' 올랐다면 상대적 박탈감은 조금 덜했을 것이다. '어느 정도'란 '사회적으로 용인될 수 있는 격차'를 뜻하는데, 가격 앙등의 극심한 지역적 편차가 한국인의 평등 심리를 심각할 정도로 건드린 것이다. 미국이나 유럽에서도 집값 앙등은 일반적이다. 그러나 한국인들이 더 예민한 반응을 보이는 것은 집값의 지역적 격차가 매우 크다는 사실 외에도 평등 지향적 심성이 유달리 강하다는 사실 때문이다. 몇 년 전, 강남 집값이 폭등하기 직전 강북 지역으로 이사를 갔던 어떤 주부는 자신의 선택이 빚은 손실의 상처를 이기지 못해 자살했다. 평등 지향적 심성이 극심한 박탈감을 촉발했고, 급기야는 그것을 치유할 다른 가치관을 자신의 내면에서 찾아내기 어려웠던 것이다.

민란은 상대적 박탈감에서 배양된 불만 또는 저항 심리가 한꺼번에 분출되는 행위이다. 말이 민란이지 실제로 발생하기란 현대 사회에서 흔한 일은 아니겠지만, 자신의 행위와는 무관하게 구조적으로 엄습하는 불평등 구조에 대해 나타내는 분노와 적개심은 평등 지향적 심성이 충만한 사회일수록 크다. 한국이 바로 그런 사례이다. '민란 일보 직전'이라는 표현은 자신의 능력과는 무관하게 발생하는 불평등의 정도가 한국인이 수용할 수 있는 '관용의 수준(level of toleration)'을 훨씬 넘어섰다는 것을 뜻한다.

사회주의권을 제외하고 자본주의권에서 한국은 소득 불평등이 비교적 낮았던 국가에 속한다. 적어도 금융, 토지, 주택 소유를 논외로 하고 소득만을 비교했을 때에 한국은 급속한 산업화에도 불구하고 소득 불평등이 낮은 매우 모범적인 국가로 꼽혀왔다. 그럼에도 한국인이 불평등에 이토록 민감한 배경에는

세계적으로 높은 평등 지향적 심성(equality-oriented mentality)
이 깔려 있다.[1] 그래서 국민들의 불평등 심리를 조금이라도 자
극하는 정책은 곧 여론의 뭇매를 맞는다. 정책을 펼치기가 여
간 어려운 것이 아니다. 어떤 형태의 개발 사업에도 언론과 시
민단체의 감시가 번득이게 되고, 특정 집단이나 계층에 이익이
돌아갈 기미가 보이는 정책은 바로 공정성 시비에 휘말리게 되
는 것이 한국이다. 설령 그것이 장기적 관점에서 국부(國富)를
증진시키는 것일지라도. 바로 이 평등 지향적 심성을 이 글에
서는 편의상 평등주의(egalitarianism)라고 부르자.

---

1 한국인의 평등 지향적 심성이 객관적으로 어느 정도인가는 과학적 측정을 필요로 한다. 다만 그
  동안 사회과학자로서 터득한 다양한 체험에 근거하여 한국은 평등주의적 심성이 '가장 높은 국
  가군'에 속한다고 해두자.

장터에 나부끼는 현수막

"경축 김봉식의 자(子) 김선중 서울대 합격." 지난겨울 지방 출장 중에 보았던 아주 인상적인 풍경이다. 어느 작은 면 소재지의 장터에 걸려 있던 이 현수막은 내용은 조금씩 달랐으나 다른 지역에서도 자주 눈에 뜨였다. 작은 면 소재지였던 만큼 김봉식 씨는 아마 소규모 자작농이었을 것이고, 김선중은 면 소재지 고등학교의 수재였을 것이다. 지역균형선발제 덕분인지는 몰라도 그 고등학교 역사상 최초로 서울대 입학생을 배출했을 터였다. 김봉식 씨의 평생소원이 이뤄졌다는 표식으로 저 현수막만큼 눈물겨운 것도 없으리라. 작은 논과 밭을 갈아 자식 길러온 보람을 한꺼번에 수확했다는 선언 앞에 면민(面民)들은 감동과 부러움을 금치 못했을 것인데, 사실 그 현수막은 평등주의의 또 다른 표현이다. 비록 가난한 부모지만 성공과 출세의 소망을 자식 대에서라도 이뤄보겠다는 꿈, 그리고 그것이 이제 이뤄졌다는 선언에는 '나도 할 수 있다' 는 평등주의, 즉 상향적 계층 이동의 의지가 깃들어 있다. 앞에서 애기한 그 주부의 평등주의는 자살을 불러왔지만, 김봉식 씨의 평등주의는 성공한 자식을 만들었다.

그런데 현수막을 내건 주체를 보면 또 다른 생각이 떠오른

다. 한국 사람들은 자신들의 꿈의 성취와 성공을 남에게 드러
내는 것을 지극히 꺼린다. 따라서 그 현수막을 김봉식 씨가 손
수 내다 건 것은 아니고 서울대 입학생인 김선중이 한 것은 더
욱 아닐 터이다. 현수막 밑에는 경축의 주체가 적혀 있다. '의
성 김씨 xx종친회'가 그것이다. 의성 김씨 지역종친회는 김봉
식의 소원 성취나 김선중의 서울대 입학에도 기뻐했겠지만, 서
울대 입학생이 종친회의 일원이 되었다는 사실이 더 뿌듯했을
것이다. 종친회의 번창에 결코 해가 되지 않을 그 사실, 오히려
다른 종친회와의 은근한 경쟁에서 주요한 인적 자원을 보강했
다는 사실, 그 자원이 연고(緣故)로 결속된 혈연 공동체의 번성
에 매우 귀한 자원이 될 것이라는 사실을 그 지역에서 가장 번
화한 장터에 드러내놓고 알렸던 것이다. 바로 여기서 평등 지
향적 심성과 연고주의가 묘하게 결합한다. 역사적 뿌리가 깊
은 관행인 연고주의적 관계 맺기 행위가 평등 지향적 심성에서
에너지를 공급받아 더욱 번성하는 현장이다. 평등주의가 상대
적 박탈감과 자기 부정(否定)으로 화할 때에는 자살이라는 사
회적 폐단을 불러오지만, '나도 하겠다'는 의지로 변할 때는
강한 성취동기(achievement motivation)가 된다.

경제사회학적 관점에서 성취동기는 근대화의 촉진제이다.[2]
그런데 성취동기를 관리할 합리적 제도가 결여되면 개별 능력
을 집단화할 수 있는 조직체를 찾는다. 결속 비용이 가장 적게

---

2 에버렛 E. 하겐(1965), 《경제사회학》, 김경동 옮김, 을유문화사. 원래 이 개념은 David C.
  McClelland가 *The Achieving Society* (Princeton : D. Van Nostrand Co, 1961)에서 제안
  한 것이다.

드는 것이 일차적 관계로 맺어지는 혈연 공동체이므로 '합리적 성취동기'와 '전통적 조직'과의 결합이 발생하는 것이다. 한국에서 급속한 산업화가 파행적 관행을 낳고 급기야는 부정부패로 왜곡될수록 평등주의와 연고주의는 빠르게 결합했다. 서구에서 평등주의가 개인주의와 합리주의로부터 내부 에너지를 보강받아 매우 단단한 자유주의(liberalism)의 생산 원료가 되었다면, 한국에서 그것은 연고주의와 결합해서 여러 형태의 균열 구조를 낳았다. 합리적 경쟁 기제와 규칙이 결여된 상황에서 높은 성취동기가 파행적 사회구조를 낳게 되는 배경이다.

'좋은 뉴스', '나쁜 뉴스'

2005년 7월 초 국무회의에서 노무현 대통령이 갑작스레 제기한 '좋은 뉴스'와 '나쁜 뉴스' 발언은 장안을 시끄럽게 달궜다. '좋은 뉴스'는 '헌법처럼 바꾸기 어려운 주택 정책을 내놓겠다'는 정책실장의 다짐이 보도된 것이었고, '나쁜 뉴스'는 '서울대 통합형 논술이 본고사에 해당한다'는 해설 기사였다. 전자는 '사실(fact)'이고 후자는 '해설(interpretation)'이라는 점에서 성격이 다른 기사였다. 그러나 일간지에 일단 실리면 사실과 해설의 경계는 모호해진다. 이것은 대통령에게도 마찬가지였다. 좋고 나쁘다는 것은 가치판단의 결과이다.

뉴스가 좋고 나쁠 리 없다. 다만 읽고 듣는 사람에게 좋고 나쁠 수 있다. 더 정확하게는, 행복하고 행복하지 않은 뉴스, 마음에 들고 들지 않는 뉴스인 것이다. 한국 축구의 월드컵 4강 진출은 행복한 뉴스, 런던 지하철 폭탄 테러 기사는 행복하지 않은 뉴스다. 삼성전자가 세계 50대 기업에 진입했다는 소식은 마음에 드는 뉴스, 삼성전자가 인재를 싹쓸이한다는 기사는 마음에 들지 않는 뉴스다. 어쨌거나 마음에 들고 들지 않게 했던 가치 판단의 기준은 바로 평등주의였다. 있는 자를 더 부자로 만드는 집값 폭등을 무슨 수를 써서라도 잡겠다는 의지 표명과, 통합형 논술은 결국 사교육비를 댈 수 있는 부유층에게 유리하다는 판단은 평등주의적 발상이다. 대통령이 어떤 뉴스에 대해 가치판단을 내리는 것이 합당한 행위인가는 논외로 치면 그것은 서민 출신 대통령에 어울리는 발언이다. 서민들은 박수를 쳤고, 부유층은 또 한 번 당혹감을 감추지 못했다.

주택과 교육은 한국 사회를 불평등 사회로 몰고 가는 주범이다. 주택은 재산의 불평등을 촉발하고, 교육은 사회적 지위와 권력의 불평등을 만든다. 독일의 사회학자 베버(Max Weber)의 지적대로 3P, 즉 재산(Property), 지위(Prestige), 권력(Power)이 계층화의 3대 요소라면, 한국 사회에서 주택과 교육은 불평등 자원인 3P를 분배하는 두 개의 핵심적 요인이다. 어떤 사회이든 주택과 교육의 불평등은 존재한다. 그런데 한국 사회에서 그것은 선진자본주의 국가보다 더 충격파가 크고, 더욱이 양자가 빚어내는 상승효과가 계층 간의 벽을 두텁게 만든다는 데에 문제의 심각성이 있다. 서울에서 강남과 강북, 전국적으로는 서울과 지방 간의 집값 격차는 경제학적으로도 설명할 수 없을 정도로 벌어졌고, 명문대와 지방대 졸업생 간 기회 구조는 '부당한 차별'을 말할 수 있을 정도로 현격하다. 여기에 입학 성적이 재산에 의해 좌우된다면, 성공의 사다리 또는 상향적 계층 이동의 통로는 열려 있다고 말할 수 없다. 평등 사회가 아닌 것이다.

그런데 여기서 "한국 사회는 평등하지 않다"고 단언하려면 대단히 정밀한 사회과학적 분석 과정이 필요하다. 주택과 교육 그 자체가 빚어내는 불평등 효과가 어느 정도인가를 우선 측정해야 한다. 재산이라는 단일 요소가 자녀의 입학 성적에 어느 정도 영향을 미치는가를 위시해서, 입학 성적에 영향을 미칠 가능성이 있는 많은 요인들의 효과를 측정해봐야 한다. 부모와 자녀들의 교육 열망, 성취동기, 교육 환경, 친구 집단, 학교에서 제공하는 교육의 질과 수준, 주거 조건, 정보의 양 등 등. 흔히 지적하듯, 서울 강남 지역의 명문대 입학 실적이 '부당하게 높고' 그렇기에 재산과 교육이 빚어내는 불평등은 '심각한 수준'이라고 생각한다. 그런데 그렇게 되는 내부 기제를 세밀하게 들여다보면 다른 판단도 가능하다. 예를 들면 전국의 잘사는 사람들이 자녀 교육을 위해 강남으로 이주했고, 그 결과가 그렇게 나타난다는 것, 다시 말해 강남 사람은 원래 강남 사람이 아니라 자녀 교육을 위해 잠시 거처가는 한시적 거주민이라고 한다면 애기는 달라진다. 강남으로 가는 사람들은 부모가 대부분 전문직 종사자이고 교육 수준도 높아서 자녀들의 교육 열망과 성취동기가 높다고 한다면, 그것은 성취적 불평등(achieved inequality)이 아니고 귀속적 불평등(ascribed inequality)의 결과이다.[3]

자본주의 사회에서는 원래 태어날 때부터 갖게 되는 불평등(건강, 지능, 용모 등의 인적 자본)은 어찌해볼 방법이 없다. 재산

---

3 서울대학교 사회과학원에서 서울대학교 신입생의 특성을 분석한 결과, 1970년부터 조사 시점인 2004년까지 학생이 속한 가족의 사회경제적 지위가 입학 가능성에 긍정적 효과를 갖고 있으며, 그 효과는 입시 제도의 개혁에도 불구하고 꾸준히 관찰된다는 사실이 밝혀졌다. 즉 고학력 전문직 부모일수록 자녀들의 서울대 입학 가능성이 높다는 것이다. 강남 학군의 입학률은 시간이 흐름에 따라 다소 줄어들기는 하였지만 그다지 큰 폭의 축소는 아니었다는 것이다. 그래도 이들이 과연 원래 강남 출신인가, 아니면 중학교 때에 진입한 한시적 거주자인가를 미리 따질 필요가 있다. 김광억 · 김대일 · 서이종 · 이창용(2004), 〈입시제도의 변화 : 누가 서울대학교에 들어오는 가?〉, 서울대학교 사회과학원.

의 세습을 막는 것이 하나의 방법인데, 사회주의가 아닌 다음에야 정책적 수단은 매우 제한적이다. 다만 기회의 불평등을 촉진하는 요인들을 약화시켜 성취적 지위(achieved status) 습득의 형평성을 높이는 방안을 만드는 것이 중요하다. 대통령의 발언은 바로 이 성취적 지위 습득의 불평등 구조를 말하는 것인데, 객관적 근거를 갖기 위해서는 귀속과 성취, 노력과 태만, 강남 집중의 메커니즘 등에 대한 정밀한 분석이 필요하다. 통합형 논술이 부유층 자녀에게 유리하지 않고 오히려 정부가 원하듯 빈곤층 자녀들에게 기회 구조를 넓혀주는 효과를 창출할지도 모른다. 이 문제는 학계의 엄밀한 검증이 필요하다. 그럼에도 대통령의 발언이 큰 반향을 얻는 이유는 한국 사회가 매우 불평등하다는 인식이 단단하게 자리 잡고 있으며, 실제로 일상생활에서 느끼는 불평등 체감의 정도가 통계기관에서 발표하는 수치의 체감 효과를 넘어서기 때문이다.

1970년대 이후 한국 사회의 경제적·사회적 불평등은 점점 확대일로에 있고 상향 이동의 통로가 점차 좁혀져 불평등의 재생산 구조가 그만큼 단단해졌다. 한국 사회가 다른 국가에 비해 각종 불평등 관련 통계치가 낮게 잡히더라도 여전히 불평등이 극심하다고 느끼는 것은 현실 세계의 불평등이 한국 국민들의 '관용의 수준'을 넘어서기 때문이다. 여기에도 한국 사람들이 배양해온 강한 평등 지향적 심성이 자리 잡고 있다.

박사마을의 따라잡기

의암호를 끼고 서쪽 강안도로를 달리다보면 현암리, 금산리, 월송리로 이어지는 마을들이 산기슭에 다소곳이 자리 잡고 있다. 얼핏 보기에도 궁핍과는 거리가 먼 단아한 풍경이다. 이곳이 박사를 배출하기로 소문난 춘천시 서면(西面)이다. 몇 년 전에 개관한 만화박물관을 조금 지나 얕은 고갯길을 오르면 "이곳이 박사마을입니다"라고 글을 새긴 바위석상이 과객을 맞는다. 약 1,000호 정도의 농가에서 줄잡아 100여 명의 박사가 탄생했으니 박사마을로 불러도 지나침이 없다. 이곳이 박사마을로 알려지자 첫날밤을 보내려는 신혼부부들이 늘어났고, 급기야는 이들을 맞기 위해 현대식 모텔이 서너 개나 생겨났다. 들리는 소문으로는 다른 모텔보다 약간의 웃돈을 더 받아도 문전성시라고 한다.

원래 서면은 강 맞은편에 위치한 춘천 시내에 청과물을 납품하는 근교농업 지대였다. 농사에만 의존해온 서면 사람들의 살림살이가 풍족할 리 만무했다. 예로부터 춘천의 부자들은 강 건너편 서북쪽에 넓게 펼쳐진 평야에 살고 있었다. 우두동이라고 불리는 이 넓은 들판은 옛날 맥국이 도읍을 정했을 정도로 비옥하고 물자가 넘쳐났다. 그래서 전통 지주들은 춘천

시 외곽 지역인 우두동에 살면서 서면의 가난한 사람들로부터 야채, 과일, 민물고기를 공급받았다. 그런데 언제부터인지 서면 사람들은 돈을 모아 자녀들에게 투자하기 시작했다. 대대로 물려받은 가난에서 탈출하기 위해 그들이 선택한 최선의 방법이 자녀 교육이었다. 서면 사람들은 악착같이 일을 했고 돈을 모았다. 그리고 자녀들을 춘천 시내의 명문 학교로 보냈고 더 멀게는 서울로 유학을 시켰다. 성공 사례가 하나 둘씩 알려지자 교육 투자는 이제 서면 사람들에게 자연스런 인생 목표로 추구되기에 이르렀다. 박사들이 하나 둘씩 탄생해서 크게 성공했다는 소식은 뙤약볕에서 종일 일하는 서면 사람들의 피로를 씻어주었다. 박사들이 늘어났다. 급기야는 춘천의 국회의원이 이곳에서 배출되었다. 지금은 은퇴한 한승수 의원이 성공의 사표였다. 지금도 어디에선가 서면 출신 젊은이들이 박사 학위를 위해 밤을 지새우고 있을 터이다.

서면 사람들에게 성공을 가져다준 것은 말할 것도 없이 평등주의적 심성이다. 대대로 그들을 괴롭혀왔던 가난에서 탈출하고 우두동 부자들에 대한 서러움을 씻는 것, 이것이 그들을 근면하고 성실하게 만든 계기다. 자신들의 처지를 비관했다면 결코 그런 일이 일어나지는 않았을 것인데, 우두동의 부자들처럼 될 수 있다는 열망이 강한 성취동기를 불러왔고, 교육 투자는 마음속에서 끓어오르는 바로 그 성취동기가 뿜어지는 분출구였다. 평등주의는 자신보다 월등한 위치에 있는 대상을 준거집단으로 설정하여 자신과의 거리를 좁히고자 하는 열망(aspiration)이다. 마치 '우두동 따라잡기'가 서면의 성공을 낳

있듯이 말이다. '성공한 너'와 '평범한 나', '잘된 너'와 '못된 나' 사이에 존재하는 격차를 좁히려는 심성, 나도 너처럼 될 수 있다는 동일화 열망이 궁극적으로는 나의 발전을 낳는다. 1960년대에서 1990년대까지 산업화 시대에 한국 사람의 평균 노동 시간이 세계에서 가장 길었던 것도 강한 성취감과 평등주의적 심성이 있었기에 가능했다. 세계에서 유례없는 한국의 고속 성장은 단기간에 선진국과의 거리를 좁힐 수 있다는 성취 열망 없이는 불가능했을 것이다.

그러나, 인정할 수 없다

모두 무엇인가를 성취하기 위해 노력하지만 성공한 사람은 그리 많지 않다. 성공을 말할 수 있는 세속적 기준은 천차만별이다. 한국 사회에서는 흔히 10억 정도 재산을 모으면 중산층으로서는 충분히 성공했다고 믿는다. 사회적 지위가 높은 직업인 의사, 변호사, 판검사, 교수가 되면 사회적으로는 성공했다고 평가된다. 높은 공직에 올라도 성공한 사람이다. 모든 사람들은 이 성공의 사다리(ladder of success)에서 가능한 한 높이 오르려고 경쟁을 불사한다. 그런데 한국에서는 높이 올라간 사람, 성공했다고 판정되는 사람들을 인정하지 않으려는 경향이 많다.

몇 년 전 파업에 나선 의사들은 도둑놈으로 몰렸다. 환자들에게 과다한 약 처방을 해서 고수익을 남겼기 때문이다. 병의원들은 약국에 납품되는 가격보다 훨씬 낮은 가격으로 약을 공급받는다는 사실이 나중에 밝혀졌다. 심지어는 약효를 실험해 준 대가를 받아 챙겼다는 사실도 폭로되었다. 그 결과 의사들의 사회적 신뢰는 땅에 떨어졌다. 의사와 유사한 지위를 누리는 변호사는 어떤가? 일반적으로 고객들은 변호사를 별로 신뢰하지 않는다. 하는 일에 비해 수임료가 너무 비싸다고 생각한다. 고액의 비용을 치르고도 변호사들을 직접 만날 시간이 허용되지 않는다. 서비스에 대한 불만, 턱없이 높은 수임료, 그리고 고객들에 대한 불성실한 태도가 변호사를 불신하도록 만든다. 고위직 공무원들도 불신의 대상이다. 공공선을 위해 불편부당한 정책 결정을 내려야 할 사람들이 입신출세를 더 소중하게 생각한다고 믿고, 또 그런 사례는 한국 사회에서 일상적으로 발생했다. 외환위기 사태를 계기로 대기업 임직원 내지 최고경영자(CEO)들에 대한 불신도 높아졌다. 그들이 한국의 경제 성장에 기여한 공로는 인정할 수 있지만, 방만한 투자와 비정상적 기업 경영으로 외환위기를 초래했고 급기야는 한국 경제를 파산 상태로 몰고 갔다는 비난을 면치 못했기 때문이다. 이들은 모두 한국의 대표적 전문직이다. 대체로 고학력을 요하는 전문직에 대한 선망은 높지만, 전문직 종사자들에 대한 사회적 신뢰는 매우 낮은 편이다.

　돈을 많이 번 사람들에 대한 불신은 이만저만이 아니다. 정당한 방법보다는 부당하고 비도덕적 수단을 써서 축재했다는 생각이 강하다. 한국 사람들은 시장(market)이 항상 특정한 사람들에게만 기회를 준다고 생각하는 경향이 있다. 사업가들이 모두 성공하는 시장은 존재하지 않는다. 성공한 사업가는 남보다 지혜가 많았거나 시장의 흐름을 잘 파악했거나 남보다 더 부지런했던 사람들이다. 그러나 그런 노력보다 정치적 후원, 뇌물을 통한 이권 확보, 연줄을 통한 정보 독점 등이 성공의 요인이라고 믿는다. 개발 연대에 실제로 그런 일이 일어났으므로 근거가 없는 불신은 아니다. 시장은 공정해야 하지만, 개발 독재 시대와 이후의 군부 집권이 연장되는 동안 한국의 시장은 특혜 시비에 자주 휘말렸고 또 시장의 공정성을 거스르는 정책이 정당화되었다. 재산 축적은 선망의 대상이지만, 부자들은 비난의 대상이 된 까닭이다.

독재정권이 개발한 강남 지역은 이런 모든 비난이 농축된 지역이기도 하다. 부자들이 강남에 모여 살기 시작하자 '강남 사람'은 시기심의 표적이 되었다. 여기에 집값 폭등이 이들의 재산을 두세 배로 불려주자 강남 사람들은 급기야 분노와 적개심의 대상이 되었다. 그들의 성공은 3분의 1이 노력이고, 다른 3분의 1이 정치적·행정적 후원 또는 연줄이고, 나머지 3분의 1은 주택 가격 폭등과 같이 운(運)이라고 믿는다. 비강남 사람들은 그들과 똑같이 노력했으나, 그들처럼 운이 없었고 연줄이나 정치적 후원이 없었기에 실패했다고 믿는다. 따라서 성공한 사람을 정당하게 인정할 수 없다. 인정할 수 없을 뿐만 아니라 믿을 수 없고, 부패하고 부도덕하다고 생각한다.

부정부패가 만연된 국가는 많다. 지배층이 부도덕하고 사회적 책무를 이행하지 않는 국가도 많다. 그렇다고 반드시 그들이 사회적 존경을 상실한다거나 극심한 불신의 대상이 되는 것은 별개의 문제다. 그런데 한국 사회에서는 대체로 그렇게 된다. 성공한 사람들은 부정부패를 일삼고, 부도덕하고, 사회적·공적 책무를 이행하지 않으며, 지극히 이기적이라는 생각이 팽배해 있다. 그렇기 때문에 성공했다는 것이다. 이런 생각의 배경에는 평등주의가 깔려 있다. 나에게 그런 기회가 주어졌다면 크게 성공했을 것이라는 확신, 내가 그런 부도덕한 방법을 동원했다면 그보다 더 성공했으리라는 가정이 깔려 있는 것이다. 여기에는 자신도 노력했다는 사실이 전제된다. 자신은 노력했지만 실패했거나 그들보다 덜 성공했다는 것이다. 자신은 정당한 방법에만 의존했는데, 기회가 주어지지 않았거나 후원자가 없었다는 것이 덜 성공하게 된 주된 이유라고 생각한다.

한국 사회의 평등 지향적 심성은 '인정 거부(rejection of recognition)' 내지 '존경의 철회(withdrawal of respect)'를 낳는다. 성공한 사람은 사회적 비난의 눈초리를 의식해야 한다. 최근 삼성전자가 세계적 기업으로 성장하자 곧 견제론이 촉발되었다. 삼성의 영향력이 사회 모든 분야로 확대될 것을 우려한 사람들이 삼성공화국, 삼성제국이라는 비난조의 조어(造語)를 퍼뜨리기 시작했다. 보수적 경향의 신문에조차 삼성 견제가 필요하다는 논조의 칼럼이 게재되었다. 삼성전자를 세계 50대 기업에 진입하게 만든 경영 기법과 노력에 대한 관심보다 어떻게 견제할 것인가에 더 많은 관심을 기울이게 된다.

한국의 모든 재벌들이 개발 독재 시대의 정책적 특혜를 통해 성장하였으므로 정당성 문제로부터 자유로운 재벌은 하나도 없다. 재벌 성장의 눈부신 역사의 이면은 파행, 특혜, 정경유착, 비리 등의 부정적 행위들로 얼룩져 있다. 그런데 삼성만이 유독 견제 대상으로 떠오르는 것은 삼성의 유례없는 성공과 일등주의 때문일 것이다. 비판적 논자들의 명분이 설득력이 없는 것은 아니다. 사회의 준엄한 비판을 받고 내부 개혁을 거쳐야 더 강한 기업으로 태어날 수 있다는 것인데, 문제는 그런 비판의 논조에서 기업을 소중하게 생각하는 마음이 별로 발견되지 않는다는 점이다. 이렇게 어렵고 척박한 기업 환경에서 세계적 기업으로 발돋움한 비결과 기업 혁신에 대한 긍정적 평가와 함께 비판의 시선이 가해진다면 비교적 공정한 자세라고 할 것이다.

선진국들은 삼성과 LG와 같은 재벌 기업이 어떻게 한국을 IT 강국으로 만들었는가에 비상한 관심을 표명하고 있다. 현대자동차가 한국을 세계적 자동차 메이커로 부상시킨 것도 비상한 관심거리이다. 미국과 일본의 유수 기업들은 삼성, LG, 현대자동차의 경영 전략 및 혁신 기법을 배우려고 온갖 신경을 집중하고 있는 중이다. 그런데 정작 한국 사회 내부에서는 이런 재벌 기업들에 대한 반감이 널리 확산되어 있으며 여러 가지 규제 장치를 개발하여 재벌의 운신의 폭을 좁히고자 노력한다. 물론 이런 규제 장치들이 경제정의와 사회정의를 높이는 매우 중요한 국가 개입의 수단임은 틀림없다. 그러나 국제 연구기관들이 자주 발표하듯이, 한국이 영국과 함께 반기업 정서가 가장 높은 나라에 속한다는 사실은 재벌 견제론이 재벌 성장론보다 훨씬 더 강한 호소력을 갖고 있음을 뜻한다.

재벌에 대한 특혜가 오랜 기간 이뤄졌고 공적 비판으로부터 면제된 기간도 매우 길었기 때문에 견제론과 비판론의 강도도 그에 상응하여 매우 강해야 한다는 주장도 설득력이 있기는 하다. 그러나 견제론과 비판론 속에는 부정한 방법으로 성공한 자를 인정하고 싶지 않은 강한 욕구, 존경을 철회해야 한다는 도덕적 긴장, 그리고 사회적 처벌(social punishment)을 거쳐야 한다는 정당성에의 열망 등등이 배어 있다. 그것은 말하자면 평등주의적 심성과 친화력을 갖는다. 철회된 존경을 다시 수습하기란 무척 어렵다. 성공한 사람을 인정하지 않는 사회는 항상 시끄럽고 갈등에 취약하다. 성공의 기준과 수단에 대한 시비가 자주 일어난다. 그리하여 평등주의적 심성은 갈등을 빚어낸다. 불인정, 불만, 분노가 평등주의적 심성에서 점화되기 때문이다.

평등주의의 한국적 풍경

평등과 불평등에 대한 한국인의 민감한 반응은 한국 사회에서만 볼 수 있는 독특한 풍경을 낳았다. 흔히 선진국에서 거주 지역은 빈자와 부자 구분이 분명하다. 미국의 비버리힐스는 백만장자들의 호화 마을이다. 미국인들은 이들을 욕하기보다는 부러움을 표명한다. 그곳에 들어갈 수 있는 남다른 능력을 존경하는 것이다. 그런데 과거에 한국의 대표적 부촌이었던 서빙고동 주민은 정치적 부패의 상징이었다. 한국 사람들은 그들을 존경하기보다는 경멸한다. 그래서인지 한국의 부자들은 별도의 주거 지역을 형성하지 않았다.

정부도 부촌 형성을 정책적으로 막았다. 현재는 강남 지역이 부촌이 되었지만 인프라나 거리의 모습은 부촌의 조건을 두루 갖추었다고 볼 수 없다. 다만 학군이 좋고 사설 학원이 밀집해 있으며 다른 지역보다 약간 나은 문화 시설과 쇼핑센터가 몰려 있는 정도이다. 수억대, 수십억대를 호가하는 아파트라도 재질, 디자인, 인테리어 등이 월등 우수한 것도 아니다. 선진국의 부촌과 비교하면 아파트의 수준과 생활의 질은 그다지 높은 편이 아니다. 그런데도 신흥부자들이 몰려 산다는 사실 하나만으로 비난의 대상이 되기에 충분하다.

다른 한편, 임대 아파트와 호화스러운 대형 민간 아파트가 같은 단지 내에 건축되는 것도 한국에서나 볼 수 있는 풍경이다. 멕시코의 고급 민간 아파트에는 집주인 전용 엘리베이터가 있어서 파출부나 잡역부가 타는 것이 허용되지 않는다. 한국에서 그랬다가는 신문의 톱기사가 될 것이다. 택시 기사도 손님의 짐을 집 문 앞에까지 날라주는 것이 관례이다. 한국의 택시 기사에게 짐 들어줄 것을 요구했다가는 큰코다친다. 세계에서 가장 잘사는 미국에는 도심부에 슬럼 지역이 존재한다. 서울의 대표적 슬럼 지역인 청계천변은 이미 1970년에 철거되었다. 판자촌을 없애고 그곳 거주민들을 모두 성남으로 강제 이주시켰는데, 이들이 1년 뒤인 1971년에 대형 시위를 감행했지만 허사였다. 판자촌 내지 슬럼 지역을 방치하고 있는 한국의 도시는 없다. 그랬다가는 특히 빈자에게 너그러운 평등 지향적 심성의 맹렬한 공격을 받는다. 최근에는 외제차가 조금 늘었지만, 얼마 전까지만 해도 부자들이 외제차를 타고 다녔다가는 비난받기 십상이었다. 가진 사람이 가진 체할 수 없는 강한 분위기가 조성되어 있는 것이다.

1980년대까지만 해도 호화 사치품을 사는 사람들은 정부의 눈치를 살펴야 했다. 혹시 정보기관의 민정 탐사망에 걸려 상부에 보고될지도 모른다는 두려움을 피할 수 없었다. 사치품 수입금지 조치가 해제된 것도 불과 1990년대 중반에 들어서였다. 사치품 목록은 상층의 생활양식을 나타내는 기호품이 대부분이었는데, 골프채, 자동차, 가구, 오디오 등이 올라 있었다. 전두환 시절 초기에는 계층 위화감을 조성한다는 이유에서 호텔 결혼식을 전면 금지했고, 결혼식을 비디오로 촬영하는 것도 금지되었다. '계층 위화감' 이란 말은 부자들과 지배층의 행위양식을 통제하는 매우 편리한 전략적 용어였다. 정치 실권자들은 서민들의 지지를 끌어내기 위해 부자와 사회적 지위가 높은 사람들을 비판하는 정책을 즐겨 썼다. 물론 이런 정책들이 오래가지는 않았지만 정권 초기에 범국민적 지지를 높여주는 데에 한몫했던 것은 사실이다.

얼마 전까지만 해도 일본의 신입사원 입사식에서는 졸업 대학의 사회적 명성에 따라 자리가 배치되었다. 도쿄대, 교토대, 게이오대, 와세다대 등의 순서로 신입사원들의 자리가 정렬된다.[4] 일본만큼 대학 서열이 단단한 한국에서 그랬다가는 또다시 신문에 대서특필될 것이다. 실제로 최고의 기업이 명문대 졸업생을 뽑는 비율이 일본보다 한국에서 더 높을 가능성이 있지만, 대학 서열로 자리를 앉힌다는 것은 상상조차 하지 못한다. 일본의 정부 부서 중 강력한 위치에 있는 통상산업성(MITI)의 요직은 70% 정도가 도쿄대 출신으로 채워진다. 그러나 이것이 문제가 되지는 않는다. 한국의 대응 부서인 외교통상부에서 서울대 출신이 이보다 낮게 나타나도 서울대 견제 목소리가 높다. 서울대 독점을 견제해야 한다는 비판으로부터 이른바 '서울대 망국론' 으로까지 발전된다.[5]

미국의 동부에 편중되어 있는 금융기관, 법률회사, 증권회

4　Rohlen, Thomas(1983), *Japan's High School*, University of California : Berkeley. 1980년대 초 마쓰시타전기의 신입사원 입사식 풍경이다.
5　강준만(1996), 《서울대의 나라》, 개마고원.

사, 정치조직 등은 동부의 13개 아이비리그(Ivy League) 대학 출신들로 장악된다. MIT의 경제학 교수인 레스터 서로우는 미국을 움직이는 중요 기관의 리더들이 대체로 아이비리그 출신임을 밝힌 바 있다.[6] 그래도 미국에서는 '아이비리그 망국론'이 나오지 않을뿐더러, 그런 얘기를 하는 사람이 있다면 톡톡히 망신을 당할 가능성이 높다. 아이비리그를 나올 수 있는가는 개인적 노력과 능력에 의해 좌우되고, 따라서 능력 있는 자들이 미국을 움직이는 주요 기관과 직책을 장악하고 있다는 사실이 자연스럽게 받아들여지기 때문이다.

아이비리그 대학의 지배는 너무나 명백한 사실이지만, 내부에 존재하는 연줄의 비합리성을 비판적으로 분석한 사람이 있기는 하다. 가령 '하버드가 지배하는 방법(How Harvard Rules)'이라는 제하의 책이 그런 예이다.[7] 이 경우에도 '하버드가 지배하는 방법'이지 '하버드 망국론'이 아니다. 일본에서는 '어떻게 도쿄대가 지배하는가'에 별다른 관심을 보이지 않으니 그런 책이 나올 리 만무하다. 한국에서는 '서울대 망국론'이 각별한 관심을 끌고, 대통령조차 '수재를 뽑는 기술을 가진 대학'이라고 서울대의 위상에 불편한 심기를 표명했다.

한국에는 이른바 귀족사회 또는 상류사회(high society)가 존재하지 않는다. 부유층 자녀끼리 비밀스런 결사를 조직할 수

---

6 Thurow, Lester(1975), *Generating Inequality : Mechanims of Distributions in the US Economy*, New York : Basic Books. 서로우는 이 책의 끝에 미국의 동부 지역의 주요 기관에 근무하는 고위직 주요 인사들의 명단을 제시하고 이들의 학력과 경력을 간략히 소개하고 있다. 이들은 거의 예외 없이 아이비리그 대학 출신이다.
7 Trumpbour, John(1989), *How Harvard Rules in the Service of Empire*, Boston : South End Press. 물론 논조는 매우 비판적이다.

는 있으나 일반 대중들이 인정하는 상류사회가 있는 것은 아니다. 민주주의의 발상지인 영국에는 귀족사회가 존재한다. 명문가 출신이며 옥스브리지(Oxbridge)를 나오고 사회적 위신이 높은 전문 직종에 종사하는 사람들이 그들이다. 이들은 특정한 사교 클럽을 결성하여 서로 긴밀한 관계를 유지한다. 사교 클럽에 가입하려면 까다로운 자격 요건과 심사 절차를 통과해야 한다. 이들은 봉건시대 귀족 의상을 차려입고 무도회를 개최한다. 아니면 최고의 의상을 필수적으로 입어야 하는 값비싼 파티를 개최한다.

대학에도 이런 관행이 남아 있어서 옥스퍼드대학에는 예복(턱시도) 착용이 필수적인 의례가 자주 개최된다. 지배 계층의 일원인 대학 교수들은 강단 위에 정중하게 앉아서 전통 의례를 관장한다. 최고급 식기에 최고급 음식이 차려지고 예법에 따라 포도주를 마신다. 교수들은 학생들에게 귀족사회의 관행을 익힐 것을 권장한다. 이미 사어(死語)가 된 희랍어가 필수 교과목으로 설정되고 있는 것도 같은 이유에서이다. 사회를 이끌어온 유럽 지도층의 인식 세계와 사상 체계를 전수받으려면 희랍어가 필수적이라는 생각에서이다. 한국에서 대학생들에게 지배 계층의 언어, 생활양식, 사고방식, 사상 체계 등과 관련된 교과목을 필수 과정으로 이수하게 했다가는 여론의 뭇매를 맞기 십상이다. 한국 대학에서 이런 일은 상상조차 할 수 없다. 계층 위화감을 조성한다느니, 특권 의식을 권장한다느니, 더 심하게는 차별 의식을 정당화한다고 비난받을 것이다.

최고의 실력을 인정받은 세계적 수준의 교수라도 허름한 대중식당에서 학생들과 둘러앉아 회식하는 광경이 일상적으로 발견된다. 그런 교수라도 특별한 대접을 받을 수 있는 레스토랑은 없다. 1990년대 초반 한창 민주화가 추진될 당시 학생회는 학생들도 교수 식당을 이용할 권리를 달라고 대학 당국에 청원한 적이 있었는데, 결국 대학 당국은 권리를 내세운 학생회의 주장을 받아들였다. 그래도 업무와 기능의 측면에서 교수와 학생 간의 약간의 구별은 있어야 했기에 대학 당국은 학생회에 타협안을 제시했는데, 본격적인 식사 시간이 한 시간 지난 이후에 학생들이 이용할 수 있도록 한 것이 그것이었다. 그 타협안은 양자의 협의하에 타결되어 교수 식당과 학생 식당의 구별은 이제 거의 사라졌다.[8]

한국의 민주화 과정에서 '민주주의' 개념은 '구별(distinction)' 과 '차별(discrimination)'을 별개의 것으로 인정하지 않았다. 구별은 곧 차별이었고, 질적 차이는 결과의 차등을 낳아서는 안 되었다. 어쨌든 '결과의 차등'은 불합리한 것으로 받아들여졌으며, 따라서 '결과의 차등'을 낳은 질적 차이를 인정하지 않으려는 경향이 강했다. 한국의 평등주의는 원인보다 결과에 더 민감하다.

한국에서 상층과 하층의 생활양식의 차이는 없다. 단지 값비싼 고급 음식과 평범한 음식의 차이, 고급 가구와 허드레 가구의 차이, 비싸고 세련된 인테리어와 그렇지 않음의 차이가 있을 뿐이다. 아파트 평수와 실내장식의 차이, 아늑함과 그렇지

---

8 이런 모습은 서울대학교의 경우이다. 사립대학에는 아직 교수와 학생 식당이 엄격히 구분된 곳이 많다.

않음의 차이가 있다. 상층이라고 해서 특별한 관례를 따르지 않는다. 귀족사회의 관행과 풍습은 지난 20세기 중반에 종말을 고했다. 요즘 상층사회의 일원임을 입증하는 거의 유일한 징표는 회원권이다. 골프장, 피트니스센터, 최고급 콘도, 최고급 레스토랑 회원권을 비롯해서 최고급 호텔과 최고급 백화점 특별 회원이 되는 것이다. 그것을 할 수 있는 자원은 돈이다. 부유층은 최고급 시설을 이용할 능력이 있고 중하층은 못 하는 차이가 있을 뿐이지 생활양식의 차이는 존재하지 않는다.

한국에서 평등주의는 생활양식의 대중화(massification)를 촉진했다. 부유층이 할 수 있는 것들은 돈으로 살 수 있다. 생활양식은 '돈으로 살 수 없는 것(things that money cannot buy)' 이다. 예를 들면 전통 예법, 파티에서의 행동양식과 예절, 사용하는 언어, 대화의 기법, 사교의 절차와 소통 방법 등등이 그것인데, 한국의 부유층이 타계층과 구별되는 특별한 생활양식을 체화하고 있다는 얘기는 아직 듣지 못했다. 프랑스의 사회학자 토크빌은 민주주의를 고급문화의 대중화로 정의했는데, 자유의 향유보다는 평등의 확산에 더 무게를 둔 개념이었다. '제 조건의 평등(equality of all conditions)' 으로 규정된 민주주의는 고급문화를 대중화시킨다. 토크빌은 민주주의를 통해 고급문화의 질적 저하가 일어나고 천박한 서민문화가 확산되는 것을 우려했던 것이다.[9]

---

9 Tocqueville, Alexis de(1969), *Democracy in America*, New York : Anchor Books. 그래서 또크빌의 민주주의 개념에는 긍정적 함의와 부정적 함의가 동시에 들어 있다. 자유의 확대는 긍정적인 반면, 고급문화의 대중화와 천박성의 확산은 부정적 현상이다. 자유의 확산을 위해 공평성을 실행하는 기구인 행정제도가 발전하고 관료제가 확대되는 것은 불가피한데, 행정의 중앙

한국의 민주주의가 진행된 방식도 토크빌이 말한 바와 대동
소이하다. 귀족사회와 상층사회의 생활양식을 무너뜨려 하향
평준화를 촉진하는 방식으로 진행되었다는 점이 그러하다. 차
별의 철폐, 즉 평등의 실현이 민주주의의 가장 중요한 가치로
수용되었으므로 이미 조선 말기에 무너지기 시작했던 상층사
회의 생활양식은 민주주의의 도입과 더불어 급속하게 소멸되
었다. 귀족사회의 생활양식과 세계관이 무너진 자리에 서민의
가치관이 착근(着根)했고 시민사회가 탄생하면서 구분과 차별
은 일종의 비정상적인 행위, 나아가서는 일탈 행위로 인식되기
에 이르렀다.

엘리트 자격 요건을 갖춘 사람일지라도 자신을 엘리트라고
공공연히 말하지 못한다. 오히려 자신을 엘리트라고 말하지
않는 것이 한국에서 엘리트가 될 수 있는 자격이다. 자신을 엘
리트라고 말하는 순간 그는 곧 대중으로부터 고립된다. 자신
을 엘리트라고 공공연히 말하는 명문대 학생을 찾아보기는 어
렵다. 한국 사회에서 엘리트 집단은 분명 존재함에도 불구하
고 그들이 누구인지를 분별하기가 쉽지 않다. 그들이 공유하
는 공통의 징표, 다시 말해 그들의 고유한 생활양식, 언어, 결
속체, 여가 문화가 없기 때문이다. 배타적인 서클도 별로 없
다.[10] 그렇듯이 대부분의 명문대 학생들은 그들이 누릴 사회적
프리미엄이 폐지되어야 한다고 느낀다. 불공정하다는 것이다.

집중화는 개별 자유를 구속하는 성향을 갖게 되는 모습을 민주주의의 딜레마로 파악하고 있다.
10 최근에는 최고경영인클럽, 라이온스클럽 등 사회적 지위를 갖춘 사람들의 자발적 모임이 늘어
　나고 있는데, 이런 것들이 행동양식과 사고방식의 배타성을 재생산하는 기제로 기능한다면 상
　류사회의 징표가 될 수 있겠다.

자신의 능력과 노력에 의해 명문대 학생이 되었음에도 어딘가 불공정한 구석이 있다고 느낀다. 공부만 해온 것을 뒤늦게 후회하는 학생도 다수 발견된다. 차별의 대상이 되는 것이 불편하고 싫다. 한국만큼 차별에 민감한 사회는 없을 것이다. 토크빌 식으로 말하면, 한국의 평등주의는 품위 없는 문화의 확산, 고급문화의 소외, 엘리트 의식의 해체를 재촉했다. 이것이 세계에서 잘 발견되지 않는 한국만이 갖고 있는 고유한 풍경이다.

한국의 평등주의가 빚어낸 이런 풍경을 이론적으로 해부하는 것이 이 연구의 목적이다. 한국의 평등주의는 어떤 논리로 무장하고 있는가? 그 속에는 서로 충돌하는 논리가 발견되지 않는가? 혹시 있다면, 그 모순된 논리들이 왜 공존하고 있는가? 평등주의는 도대체 한국의 성장과 발전에 긍정적인가, 혹은 부정적인가? 우리가 겪는 온갖 유형의 경쟁은 어떤 원칙에 기반을 두고 있는가? 그 원칙들은 상호 충돌하는가? 도대체 한국의 국민들은 무엇을 수용하고, 무엇을 거부하는가? 사회적 관용심(tolerance)은 어떤 모습을 하고 있으며, 어떻게 작용하는가? 이런 질문들 말이다.

2

평등주의란 무엇인가?

평등주의와 사회적 정의

평등주의(egalitarianism)는 평등(equality)을 지향하는 심성 내지 정신적 특성을 일컫는다. 평등주의는 개인적 차원과 사회적 차원으로 구분할 수 있다. 개인적 차원에서 그것은 불평등을 참지 못하는 마음의 습관, 역으로 말하면 평등하기를 원하는 심성(mentality)이다. 사회를 구성하는 개인들의 이러한 마음 상태가 모여 여론과 공론장을 지배하는 집단정신(collective mind)으로 발현하면, 그것은 한 사회를 다른 사회와 구별 짓는 이데올로기가 된다. 이데올로기는 원래 사회적 실체와 본질을 왜곡된 형태로 파악하는 거시적 논리 체계로 규정되지만, 통상적으로는 특정한 가치를 지향하는 논리 체계를 가리킨다.[1] 평등주의가 사회 성원의 의식과 행위양식을 특징짓는 중요한 속성이라면, 그것은 통상적 의미에서 이데올로기이다.

홀로 존재하는 사람, 예를 들면 외딴섬에 떨어진 로빈슨 크루소에게는 평등이 문제시되지 않는다. 자원을 나눠 가질 상

---

[1] 칼 마르크스는 이데올로기를 계급의식과 구분하여 '허위의식'으로 규정하였다. 이때 이데올로기는 지배 계급 내지 자본가 계급의 집단의식을, 계급의식은 프롤레타리아의 그것을 지칭한다. 이에 반하여, 칼 만하임은 프롤레타리아 계급의식을 포함하여 모든 종류의 계급의식은 계급 목적을 달성하려는 의도를 갖고 있고, 따라서 역사적 전체성(또는 진실)과 거리가 멀기 때문에 허위의식 이라고 규정하였다.

대가 없고 비교의 대상이 없다. 그에게는 오로지 사회로의 귀환 내지 생존만이 관심의 대상이다. 《백설공주》에 나오는 일곱 난쟁이는 '백설공주'를 만나기 전에는 서로 화목했고 질투하지 않았다. 그런데 그녀를 집으로 데려오자마자 백설공주의 사랑을 둘러싸고 화목한 질서에 문제가 발생한다. 물론 백설공주는 사랑을 골고루 나눠줌으로써 질서 유지에 성공하지만, 사랑이라는 소중한 자원이 몇 명의 난쟁이에게만 쏠렸다면 난쟁이는 두 개, 세 개의 집단으로 갈라졌을 것이다. 사랑받는 집단, 중립적 집단, 사랑을 시기하는 집단 등등. 현대사회에는 사람들이 귀중하다고 평가하는 자원이 너무나 많다. 그것도 사회와 집단에 따라 귀중함의 정도가 다르다. 에스키모인들에게 물개털은 귀중하지만, 아프리카인들에게는 아무 것도 아니다. 미국과 유럽에서 소는 목축업자의 재산을 의미하지만, 인도에서 소는 신성한 동물이다. 소는 소유의 대상, 더욱이 축재의 자원이 아닌 것이다.[2]

　사냥이 생존 수단이었던 수렵 시대에 사냥 기술과 힘셈의 정도는 곧 지배로 연결되었다. 여자보다 남자가 힘이 셌고, 남자 중에서도 사냥 기술이 탁월한 사람이 부족의 우두머리가 되었다. 이런 관습은 미국 인디언에까지 이어졌다. 가장 지혜롭고 힘세고 용맹한 자가 부족을 이끄는 리더가 되는 것이다. 원시

2　인도에 가본 사람은 거리에서 배회하는 소 떼를 자주 목격했을 것이다. 주인이 없을 뿐만 아니라 어디서 먹고 자는지 모르는 소 떼들이 사람과 함께 살아간다. 몇 년 전에 가본 인도의 캘커타국립대학 캠퍼스는 수많은 소 떼들과 학생들이 어울려 장관을 이루고 있었다. 그렇기는 하노이도 마찬가지다. 거기에는 물소들이 돌아다닌다. 고속도로를 가로지르는 물소 떼를 기다리느라고 길게 늘어선 차량들은 일상적인 모습이다.

시대에 사냥감은 널려 있었겠지만 그것을 확보하기란 무척 어려웠을 것이다. 그러므로 부족 간 식량의 확보를 위해 매우 치열한 경쟁이 발생했고 경쟁에서 승리한 자가 사냥터와 전리품을 독점한다. 엥겔스는 사유재산(private property)의 기원을 이렇게 설명한다. 모계사회라도 가족의 생존을 위한 치열한 경쟁이 발생했는데, 이 경쟁에서 살아남으려면 충분한 양의 식량 확보가 필수적이다. 충분한 양의 식량을 확보한다는 것은 곧 '사유'를 뜻하고 이로부터 사유재산 개념이 나타난다. 생존과 사유재산은 떼어놓을 수 없는 개념이다. 생존 경쟁과 사유재산이 혼합되어 발전된 현대적 형태가 곧 자본주의이다.[3]

경쟁과 사유재산을 기초로 한 자본주의는 본질적으로 불평등한 체제다. 경쟁에서 승리한 자는 사유재산이 많아지고 패배한 자는 가질 수 있는 것이 점점 적어지기 때문이다. 애초에 재산이 균등 분배되었다고 가정하더라도 어떤 자는 투자에 활용하여 재산을 더 불릴 수 있고, 다른 자는 여가 활동을 즐기느라고 조금씩 소비하여 결국은 탕진할 수도 있다. 시간이 경과할수록 불평등은 더욱 심화된다. 애초에 사회 성원들이 자원을 균등 분배하는 것에 합의하고 균등 분배 이후에 어떤 일이 일어나도 불평하지 않겠다고 약속한다면 평등주의는 존재 가치를 상실한다. 아무런 문제도 되지 않는 것이다. 그런데 자본주의는 자원이 불평등하게 분배된 상태에서 출범했고, 시장경쟁이 격화될수록 성공한 자와 실패한 자, 이익을 본 자와 손해

---

3 Engels, Friedrich(1972), *Origin of the Family, Private Property, and the State*, New York : Pathfinder Press.

를 입은 자로 갈렸다. 없는 자와 있는 자, 무능력자와 유능한 자가 구분되고, 심지어는 건강한 사람 중에서도 용모가 유용한 경쟁 수단이 되는 사회가 되었다. 용모는 자신이 결정할 수 있는 것도, 돈으로 살 수 있는 것도 아니다.[4] 그런데 미녀(美女)는 재화를 얻는 데에 추녀(醜女)보다 유리한 입지를 점한다. 생득적 자질이 성취 자산을 만드는 데에 매우 긍정적 기능을 하는 사회, 즉 몸이 상품이 되는 사회는 불평등하다.[5]

자본주의 사회에서 불평등을 만들어내는 요인은 수십 가지이다. '개인적 관점'에서는 생득적 자질과 후천적 자질이 있으며, '개인들 간 관계'의 측면에서는 우정, 사랑, 연결망, 신뢰, 증오, 후원, 지지, 배제, 포섭, 소외, 고립, 결속 등이 있고, '사회적'으로는 토지, 자본, 권력, 사회적 지위, 교육, 직업, 조직체, 연합, 종교, 특정 경험의 유무, 혈연, 가문, 학연 등이 존재한다. 미녀는 추녀보다 사회적 가치를 더 많이 얻는 데에 유리하고, 건강한 사람은 약한 사람보다 유리하다. 다른 조건이 같다고 가정하면, 넓은 연결망을 가진 사람은 고립된 사람보다 부유해질 가능성이 많다. 연결망은 중요한 개인적·사회적 자산인 것이다.[6]

그러나 그러한 자산이 불평등 요인이 되려면 사회적 인정

---

4 성형미인은 돈으로 산 용모이다. 투자비용보다 회수비용이 많다고 판단하여 행하는 합리적 선택이다.

5 용모가 경쟁력의 자산이라면, 화장품 소비가 많은 사회일수록 불평등하다고 말할 수 있겠다. 한국이 그런 면에서는 전형적이다. 그러나 반론도 가능하다. 히잡을 쓰는 이슬람 여인들은 화장품 사용량이 적다. 아예 화장품을 사용하지 않는 여자들이 많다. 그렇다고 이슬람 국가가 평등한 것은 아니다.

6 사회적 자본(social capital) 개념이 여기에서 나온다. 사회적 자본이란 개인들이 맺고 있는 연결망의 유형, 범위, 밀도, 성격 등이 개인적 능력을 보강해주는 정도를 지칭한다.

(social recognition)이 전제되어야 한다. 즉 그것이 사회적 가치를 만들어내는 요인이라는 공적 인정이 성원들 간에 공유되어야 한다는 말이다. 토지가 불평등을 만들어내는 중요한 자산이라는 사실은 모든 사회에서 공적으로 인정된다. 그러나 학연은 어떤 사회에서는 별로 가치가 없다. 프랑스 사상가 루소는 《불평등기원론》에서 사회적 인정이 불평등의 기원이라고 설파했다.[7] 사회적 인정이 없다면 불평등은 발생하지 않는다. 청소부를 고귀하게 인정하면 그것은 이미 하층 직업이 아니다. 고위관직을 별 볼일 없는 직업으로 간주하면 고위관직이라는 이유만으로 다른 재화가 따라오지 않는다. 그러나 자본주의 사회에서는 국가 간, 지역 간 차이를 막론하고 직업에 대한 사회적 인정이 거의 유사하다.

어떤 직업이나 사람이 행할 것으로 기대되는 기능이 그 사회의 발전에 기여하는 정도, 다시 말해 기능의 중요성과 기여도에 의해 계층이 분화된다는 것이 불평등에 관한 기능론자들의 설명 방식이다. 여기에도 사회적 인정이 전제되어 있다. '행할 것으로 기대되는 기능의 중요도'에 따라 사회적 위신과 보상이 결정된다. 그렇기에 사회는 사람들이 행하는 기능의 중요도에 의해 층화된다(stratified). 이에 대해 어떤 기능은 중요하고 다른 기능은 중요하지 않은 근거가 무엇인가를 따져 들면, 계층 현상은 불합리한 것으로 화하고, 계층이 만들어내는 불평등은 타파해야 할 대상으로 변한다. 기능론자들은 적재적소에

---

7 Ritter, Alan · Bondanella, Julia Conaway(eds.)(1988), *Rousseau, Rousseau's Political Writings*, New York : W.W. Norton & Company.

인재를 배치하는 계층 체계가 사회질서 유지에 지극히 기능적이라고 설명하지만, 이미 불평등한 사회를 정당화하는 주범으로서의 계층 현상은 갈등론자들에게 불합리한 것, 근거 없는 것으로 낙인찍힌다.[8] 갈등론자들은 특정 기능을 중시하는 '사회적 인정'도 모순적인 자본주의 경쟁 방식에 의해 만들어진 것이므로 여전히 모순적이라고 주장한다.

아무튼 개인에게 자유가 주어진 자유주의 사회에서 평등은 가능한가의 문제는 플라톤 이후 오늘날까지 사회 이론가와 사상가들을 괴롭혀온 전통적 질문이다. 자유란 개인에게 주어진 천부의 권리로서 다른 사람의 자유를 침해하지 않는 범위 내에서 자신이 하고 싶은 것을 할 수 있는 권리를 의미한다. 여기서 '다른 사람의 자유를 침해하지 않는다'는 것이 자유의 전제이자 제한 조건이다. 자본주의 체제에서 자유는 교환, 거래, 경쟁이라는 시장 기제를 통해 실현된다. 개인의 생득적·성취적 자질이 발휘되고 성공한 자와 실패한 자가 나타난다. 그 결과는 재화의 불균등 분배, 즉 불평등이다. 재화의 불평등은 다시 개인의 자유를 억제하는 형태로 작용한다. 많이 가진 자, 능력 있는 자가 없는 자와 무능력자의 자유를 제한하게 되고, 이것이 곧 지배(domination)로 나타나게 되는 것이다. 독점기업의 시장지배에 의해 중소기업의 자유가 축소되는 이치이다. 부자들이 자신들의 이익에 반대되는 정책이 입법화되지 않도록 정치 권력자들에게 압력을 행사하는 사례는 비일비재하다. 설령

---

8 1950년대 계층 현상에 관한 킹슬리 데이비스(Kingsley Davis)와 무어(Moore) 간의 논쟁. 갈등론자들은 보다 규범적 입장에서 계층 무용론, 계층 타파론을 주장했다.

다수 빈자들의 자유가 심각하게 제한되더라도 재력을 기초로 자유의 범위를 확대하려는 시도는 자본주의 사회에서 흔히 있는 일이다. 그런 까닭에 자본주의 사회에서 자유와 평등은 항상 대립적이다. 말하자면, 양립 불가능하다.

이 양자를 어떻게 조화시킬 것인가, 또는 어떤 비율로 양자를 조직할 것인가의 문제가 곧 정치 체제를 구분하는 가장 중요한 기준이다. 자유주의는 자유의 극대화와 평등의 희생을, 사회주의는 자유의 억제와 평등의 극대화를, 사회민주주의(사민주의) 체제는 양자의 적절한 결합을 추구했다. 지구상에 나타난 모든 체제 유형 중에서 자유와 평등의 적절한 조화를 이루는 데에 가장 성공한 체제가 사민주의이다. 사민주의가 인류의 최대 발명품이라고 평가받는 것은 그런 까닭이다.[9] 사민주의가 다른 정치 체제에 비하여 경제적 불평등이 가장 낮고 사회적·정치적 차별 철폐에 가장 적극적이다. 예를 들면 여성의 정치 참여가 가장 활발하고, 경제 참여율도 가장 높다.[10]

그러나 이런 견해에 반대하는 사람들도 적지 않다. 자유시장론자인 밀턴 프리드먼(Milton Friedman)은 시장경쟁을 제한하는 어떤 유형의 국가 개입도 자유를 해치고 그 결과는 자유주

---

9 Przeworski, A.(1985), *Capitalism and Social Democracy*, London : Cambridge University Press. 그러나 시카고대학의 시장경제론자인 밀턴 프리드먼 같은 학자는 그런 평가에 반대한다. 시장경쟁을 기초로 한 자유주의 체제가 가장 우월하다는 것이다. 시장은 자유를 생산하고, 자유는 시장의 전제 조건이다. 따라서 시장 개입을 선호하는 사민주의는 자유를 제한한다(밀턴 프리드먼, 《자본주의와 자유》, 형설출판사).

10 여성의 경제 참여율이 높다고 여성들의 행복지수가 가장 높은 것은 아니다. 고령자들의 경제참여율이 높은 것도 마찬가지이다. 필자는 스웨덴의 수도 스톡홀름에서 우리로서는 할머니라고 부를 수밖에 없는 노령의 여자들이 출퇴근 시간에 가방을 들고 일터로 가거나 귀가하는 모습을 목격했다. 그것도 한두 명이 아니라 다수의 고령자들이었는데 매우 힘겨워 보였기 때문인지 여성의 경제 참여가 반드시 행복한 삶을 보장할 것인가에 대해 강한 의문을 품게 되었다.

의에 치명적이라고 주장한다. 아무튼 자유와 평등을 조직하는 가장 바람직한 방식을 찾는 인류의 모색은 앞으로도 지속될 것인데, 이는 곧 우리의 관심사인 사회적 정의(social justice)와 직결된다는 점을 미리 밝혀두자.

사회적 가치의 분배

평등주의는 사회적으로 유용하다고 인정되는 가치, 즉 사회적 가치(social values)를 평등하게 분배할 것을 추구하는 이념이다. 이 개념을 두 가지 관점으로 조명할 수 있다. '사회적 가치란 무엇인가' 하는 문제와, '평등하게 분배한다는 것은 무엇인가' 하는 점이 그것이다.

우선 사회적 가치에 대해 고찰하자.

(1) 사회적 가치에는 자본주의 체제에서 생존과 번영에 유용하다고 판단되는 모든 유형의 자산이 포함된다. 사회적 가치는 매우 넓은 개념인 만큼 주관적·객관적 가치를 포괄한다. 주관적으로는 자신의 욕망을 충족시키는 수단과 그에 필요한 자원을 가치 개념에 포함시킬 수 있다. 자신의 성격, 성정, 용모, 건강, 지식, 태도, 언변, 인내심, 관용, 감성, 사교술 등등은 사회적으로 유용한 개인적 자산이다. 여기에 앞에서 지적하였듯이, 타인과 맺는 관계의 범위, 연줄, 소속 단체, 가족과의 연대감, 친교, 학연, 지연, 혈연 등등의 사회적 자본도 자산화할 수 있는 중요한 가치이다. 그런데 이런 주관적 관점의 가치들은 인위적으로 분배할 수 없고, 따라서 분배의 대상도 아니다. 주관적 관점의 가치들은 어떤 기획에 의해 분배될 수 없는 것

임에 비하여, 우리가 객관적으로 측정할 수 있는 자원들, 예를 들면 토지, 자본, 권력, 지위, 학력, 재산, 가옥, 소비재, 상품 등등은 인간의 기획에 따라 분배될 수 있다.

그러므로 평등주의가 문제 삼는 사회적 가치들은 주로 객관적으로 측정 가능한 재화에 집중되어 있다. 이를 편의상 '객관적으로 측정 가능한 재화'라고 부르고, 자본주의 사회라면 모든 사람들이 그것을 더 많이 소유하고자 노력한다고 가정하자. 실제로 자본주의는 객관적으로 측정 가능한 재화를 더 많이 소유하고자 노력하는 사람들로 가득 차 있다. 그렇지 않으면 자본주의적 생산은 불가능하고 상품 소비와 유통은 진행되지 않는다. 다시 말해, 물물 교환적 시장은 성립해도 이윤 추구적 시장(profit-seeking market)은 존재하지 않는다. 이런 객관적 재화들은 사실상 생존과 번영, 그리고 주관적 욕망을 충족시키는 수단들이다. 객관적 재화 없이는 '삶의 질' 또는 '삶의 기회'를 말할 수 없다. 이런 의미에서 객관적 가치(재화)들은 주관적 가치(재화)를 충족시킨다. 평등주의가 주로 객관적 재화를 문제시하는 것은 이런 까닭이다. 객관적 재화 중에서 가장 중요한 것을 열거하라면 역시 계급과 계층 체계를 결정하는 세 가지 요인, 재산(property), 권력(power), 지위(prestige)라고 할 것이다. 말하자면, 막스 베버가 지적한 자본주의 사회의 가장 중요한 재화인 재산, 권력, 지위의 평등 분배가 핵심 문제다.

(2) 분배 방식과 관련해서는 두 가지 관점의 분석이 필요하다. (i) 개인적 자질, 즉 생득적 자질(ascribed property)이나 성취적 자질(achieved property)의 불평등이 재산, 권력, 지위의 불

평등으로 전환되는 '과정에 대한 통제 방식(control on the transformation process)'과, (ii) 재산, 권력, 지위와 같은 객관적 재화를 평등하게 분배하는 방식(control on the distribution of social values)이다. 전자를 과정상의 문제라고 한다면, 후자는 결과적 현상의 문제다. 전자는 '기회의 평등'에 해당하고, 후자는 '결과의 평등'에 각각 해당한다.

첫째, 평등주의가 **전환 과정**(transformation process)을 문제 삼는 이유는 명백하다. 선천적으로 타고난 생득적 자질과 성장하면서 얻게 되는 후천적 자질의 우열이 객관적 재화의 습득량을 어느 정도 결정할 것인가는 불평등과 관련하여 매우 중대한 문제이기 때문이다. 재벌의 자녀가 다시 재벌로 태어나는 것을 지극히 합리적이고 정당하다고 생각하는 사람이 얼마나 있을까. 자본주의 사회에서 부의 세습이 합법화되었기 때문에 그렇지 그것을 인정하지 않는 사회주의 사회라면 재벌 2세라는 말은 존재하지 않았을 것이다. 지능지수가 낮은 사람은 출세의 기회가 적고 삶의 질도 형편없이 낮아질 가능성이 크다. 이런 경우, 지능이 재화 습득량을 결정하는 정도를 어떻게 통제할 것인가는 역시 중대한 문제다.

한국 사회에서 학력에 따른 소득 격차는 대단히 크다. 대졸 학력자는 고졸에 비하여 초임이 약 1.5배 정도 높고, 평생 동안 취득할 수 있는 생애 임금의 격차는 더욱 커진다. 장애인의 취업 기회는 지극히 적고 따라서 삶의 질도 낮아질 위험이 많다. 장애는 생득적 자질인데, 이것이 사회적 가치의 습득량을 그대로 결정하도록 내버려둘 것인가, 말 것인가를 신중히 고려해야 한다. 성차별이 강한 노동시장에서 여성은 남성에 비하여 좋은 직장을 얻을 개연성이 낮아진다. 근로 조건이 별로 좋지 않은 2차 시장에서는 여성 취업이 활발하지만, 상대적으로 보수와 직업 안정도가 높은 1차 시장으로 갈수록 여성이 줄어드는 것은 자본주의 사회에서 일반적 현상이다. 그래서 선진국에서는 여성, 장애인, 고령자, 저학력자 등 취약 계층에 대한 취업 배려가 정책적으로 이루어진다. 이른바 적극적 정책(affirmative action)이 그것이다. 취업시장에서 생득적 자질과 후천적 자질이 취약한 인구 집단과 계층에게 취업 프리미엄을 얹어주는 특별 배려 방식이다.

이것이 바로 전환 과정에 대한 통제 방식이다. 서울대학교에서 시행하고 있는 지역할당제와 지방 고교 출신자에게 5~10% 정원을 배정하는 사립대학의 신입생 선발 정책은 그러한 예에 해당한다. 지방 출신과 도시 출신 학생 간에 나타나는 성적의 격차 중에서 환경 차이에서 오는 격차를 줄여주는 것이다. 다시 말해, 후천적 자질의 격차 중 일정량을 인정하지 않는다는 통제 방식이다. 이 경우 현재까지 시행된 정책들은 유리한 환경을 향유한 집단에게 '불이익을 주는 방식'이 아니라 불리한 환경의 영향을 '보상해주는 방식'이었다. 다만 보상의 크기와 혜택 제공의 유형이 다를 뿐 보상의 방향은 동일하다.[11] 어느 정도 보상할 것인가의 문제, 보상을 현금으로 지급할 것인가 아니면 기회를 늘려줄 것인가의 문제는 정치 체제에 따라 달라

---

11 이런 의미에서, 최근 거론된 '서울대 폐지론'은 앞선 자에 대해 벌금을 매기는 것이어서 방향이 거꾸로 된 것이다. 오히려 뒤처진 집단을 배려하는 정책이 적합하다.

진다.

둘째, 분배 방식의 문제. 평등주의는 재산, 권력, 지위와 같은 객관적 재화의 분배와 직결된다. 앞에서 지적한 전환 과정의 통제에는 명백한 한계가 있다. 선천적·후천적 자질의 격차를 전면 부정하고 객관적 재화를 동일하게 분배할 수는 없기 때문이다. 사회주의 사회라면 용의주도한 국가 기획에 의해 그렇게 할 수는 있지만, 개인적 의욕과 인센티브가 소멸되기 때문에 '완전한 평등'은 사회의 활력을 빼앗아가는 '죽은 평등'으로 화한다. 그러므로 전환 과정에 대한 통제 이후 발생하는 결과적 불평등을 어느 정도 용인하고 어느 정도 통제할 것인가의 문제가 대두된다.

주택 보유와 활용에 대한 공적 통제는 이것의 전형적 사례일 것이다. 한국의 경우 주택은 투기의 대상이자 축재의 수단이다. 주택시장이 거의 완전하게 민영화되어 있기 때문인데, 그 결과 주택이라는 매우 중요한 재화는 개인과 가족의 수요에 따라 분배되는 것이 아니라 전적으로 재력에 의해 좌우된다. 그런데 주택시장이 통제되는 스웨덴은 보다 여유가 있다. 스웨덴의 주택 정책은 국민의 주택 수요를 소득과 분리시키는 데에 성공했다. 저소득 계층이라도 가족 수가 많으면 방이 많은 주택을 임대할 수 있도록 임대료를 지원하고 통제한다. 저소득 4인 가구(부부와 자녀 두 명)는 최소한 세 개의 방을 쓰도록 규제한다. 임대료가 소득의 40% 이상을 넘는 것을 금지하고 있기에 그 정도 규모의 주택을 임대할 경우 모자라는 임대료는 지역의 복지사무소에서 집주인에게 직접 지급된다. 물론 집주인

에게 지급되는 금액은 불로소득으로 간주되어 고율의 세금이
부과된다. 공적 규제가 강하게 작동하는 사회에서 주택은 공
공재의 개념에 근접한다. 그렇다고 부자와 빈자 간 주거 환경
의 격차가 없는 것은 아니지만, 이런 정책 덕분에 세계에서 가
장 불평등이 낮은 사회로 발전할 수 있었다.[12]

　권력의 분배 문제도 주택이나 재산 못지않게 어려운 과제다.
이탈리아의 경우 정치 실권자들은 대부분 북부 지역 출신이
다. 북부에는 산업시설이 집중되어 있고 일찍이 근대화 과정
을 거쳤기 때문에 농업 위주의 남부 지역과 매우 현격한 사
회·경제적 격차가 존재했다. 이탈리아의 정치투쟁이 주로 이
런 지역적 격차에 의해 발생했다는 사실이 권력 분배의 불평등
을 말해준다.

　한국의 지역 갈등도 이와 유사하다. 박정희 시대 이래 심화
된 이른바 호남 배제는 민주화 시대에 접어들면서 매우 민감한
정치적 쟁점으로 부상했다. 장차관을 비롯하여 군 장성, 공기
업 사장단, 고위 관료직, 검찰과 경찰 고위직 등의 주요 직책에
서 호남 출신이 과소 대표된 반면, 영남 출신은 과대 대표되었
다는 사실은 누구나 인정하는 정치적 상식이다. 그런 까닭에
민주 체제가 수립된 이후 세 차례의 정권에서 주요 인사를 등
용할 때 '지역 안배'를 매우 신중하게 고려해야 했다. 더 나아
가 '지역 안배'는 정권의 정치적 정당성을 높이는 수단이기도

12　스웨덴도 다른 선진국과 마찬가지로 부자와 빈자 간 주택 환경의 차이는 역시 뚜렷하다. 노동
　계급은 외곽 지역의 대규모 아파트촌에 거주하는 반면, 부자들은 도심 지역 내지 부도심의 호화
　스런 콘도에서 산다.

했다. 배제의 정도가 높을 때에는 정권 주도의 재분배 시도가 어느 정도 추진될 수 있지만, 반대 집단의 관용의 수준을 넘어설 때에는 정치적 갈등이 촉발될 것이다. 바로 그 지점에서 평등주의를 둘러싼 논쟁이 점화된다. 이 논쟁에서는 다행히도 '효율성(efficiency)'과 '분배(distribution)'의 충돌은 일어나지 않는다. 과소 대표를 수정하는 것이 효율성을 해칠 개연성은 적기 때문이다. 그런데 참여정권이 추진하는 국가균형발전전략에는 양자의 충돌이 매우 첨예하고 해결할 방법도 묘연하다.

　참여정권이 사활을 걸고 추진하는 국가균형발전전략은 산업 시설과 공기업이라는 경제 발전의 자원을 각 지역으로 골고루 분산해서 자원의 평등 분배를 꾀하려는 매우 의욕적인, 그 자체 평등주의적 정책이다. 이미 특정 지역에 뿌리를 내리고 있는 경제적·정치적 자원을 용의주도한 기획에 의해 재배치하는 균형 지향적 정책은 일단 막대한 이전 비용과 조직 재정비에 따르는 각종 희생을 필요로 한다. 그런 까닭에 효율성 논쟁이 제기되는 것이다. 균형 발전은 평등주의적 심성에는 어울리지만 그것에 따르는 비용을 상쇄할 만큼 가치가 있는 것인가의 질문은 아직 남아 있다. 찬성론자들은 균형 발전의 단기적 비용이 크더라도 장기적으로는 엄청난 시너지 효과를 창출할 것임을 주장하는 반면, 반대론자들은 찬성론자들이 주장하는 시너지 효과를 입증할 객관적 증거가 미약하고 비용 소모적일 뿐이라고 단언하는 것이다. 이 경우 균형 발전 정책은 사회적 정의의 두 측면인 효율성과 분배의 전면 대립을 초래한다.

효율성과 분배의 충돌

평등주의는 사회적 정의를 구성하는 두 개의 핵심적 가치인 효율성과 분배 중 분배를 더 강조하는 이념이다. 효율성에 대한 고려를 아예 포기한 평등주의는 사회주의적 평등주의 외에는 별로 없다. 사실상 자본주의 사회, 특히 사민주의 사회에서 나타나는 평등주의는 적정 분배가 효율성에 긍정적 효과를 미친다는 가정에 입각해 있다. 효율성과 분배 간 긍정적 관계는 제2차 세계대전 이후 1970년대 말까지 매우 단단하게 유지되었지만, 1980년대에 시작된 세계화의 물결에 의해 양자의 긍정적 관계가 약화되자 비판론자들의 논조가 살아나기 시작했다. 그 이후, 효율성을 살리기 위해 분배를 낮춰야 한다는 주장이 설득력을 얻는 시대로 진입했다. 여기에는 효율성 증진에 기여하는 '적정 분배'가 어느 정도인가 하는 매우 복잡한 질문이 개재되어 있기는 하다.

아무튼 효율성과 분배가 서로 배치되는 대립적 개념은 아니지만, 현실 세계에서는 상호 보완적이기보다는 상호 배제적인 경우가 더 많다. 예를 들어 사회적 정의를 증진하는 가장 전형적 제도인 복지 정책을 가정해보자. 복지 옹호론자들은 분배가 저소득층의 생계 보장과 노동력 재생산을 지원하여 궁극적으로는 생산성을 높이는 효과를 산출하고 계급 연대력을 증진해서 사회 분열로 빚어질 각종 비용을 삭감한다고 주장한다. 반면 복지 비판론자들은 과도한 분배 정책은 노동 인센티브를 약화시켜 오히려 생산성을 낮추고 도덕적 해이를 촉발해서 결국은 비용 효율성을 해친다고 주장한다. 선진국의 현실적 복지 정책은 어느 한쪽의 주장과 이론에 고정되기보다 시대의 흐름에 따라 양극단 사이를 오락가락하고 있다고 보는 편이 옳다.

평등주의의 두 요소인 효율성과 분배가 어떤 상태에서 충돌하고 어떤 상태에서 화합하는가는 구체적인 대상과 사례에 관한 객관적 연구를 필요로 한다. 여기서는 일단 두 개의 핵심 가치관이 평등주의의 양극적 긴장을 유지하면서 시시때때로 충돌 상황을 빚는다는 사실을 확인해두고자 한다. 그런데 그런 객관적 연구와 증거를 논외로 하고라도, 평등주의가 한 사회에 어느 정도 확산되어 있는가를 가늠하는 것은 그다지 어렵지 않다. 바로 사회적 관용의 수준을 체감하는 방법이다.

대부분의 사람들이 사회적 가치의 분배 상태에 불만을 표시하지 않는다면 정의가 실현된 사회이고, 불만과 분노가 사회질서를 위협할 정도로 표출되면 부정의한 사회이다. 사회적 인정(social recognition)은 평등주의의 계측기에 해당한다. 어느 정도이면 불만족하고, 어느 정도이면 만족할 것인가는 곧 사회 성원들의 인식에 달렸다. 미국처럼 불평등에 대한 '관용의 수준'이 높은 사회가 있고, 유럽처럼 관용의 수준이 낮은 사회가 있다. 즉 유럽의 사회적 인식은 불평등을 용납하지 않는 것이고, 미국은 어느 정도의 불평등은 유용하다고까지 간주한다.
한국은 유럽과 유사해서 불평등을 용납하는 관용의 수준이 매
우 낮다. 다른 예를 들면, 미국의 사립대학에서 장학금을 결정
할 때는 부모의 재산 정도를 고려한다. 장학금 신청에 재산세
납입고지서가 필수적이다. 이와는 달리 특정 가문에 대한 배
려도 있다. 하버드대학의 경우 케네디 가문을 비롯하여 몇몇
가문의 직계 자녀들에게는 특별 티오가 배정된다. 입학지원
서에는 응시자가 별지에 열거된 특정 가문 소속인지를 체크
하라는 항목이 있다. 하버드대학에 기부금을 많이 낸 공적을
인정하는 것이다. 한국이라면 빈곤 계층을 배려하는 조치는
대찬성일 것이고, 공적을 보상하는 조치에는 반대할 것이다.
기여입학제를 금지하는 논리와 동일하다. 1장에서 지적하였
듯이, 개인적으로도 사회적으로도 그런 불평등을 용납하거나
인정하지 않으려 한다. 이처럼 사회적 인정의 차이가 있기는
하지만, 평등 문제가 사회적 정의와 직결되어 있다는 점은 공
통이다.

　평등하지 않고 정의로운 사회는 존재하지 않는다. 자유롭지
않고 평등한 사회는 의미가 없다. 그런데 평등은 자유를 제한
한다. 어느 정도 제한할 것인가, 자유를 제한하는 것이 평등을
낳을 것인가, 누가 누구를 제한할 것인가, 누가 누구에게 사회
적 가치를 분배할 것인가, 어떤 방식으로 할 것인가 등등의 문
제가 평등주의와 관련하여 제기되는 매우 어려운 난제들이다.
이 글이 자주 인용하는 존 롤스(John Rawls)의 《사회정의론》,
마이클 왈쩌(Michael Waltzer)의 《정의와 다원적 평등》, 토크빌

의《미국의 민주주의》등 이 분야의 고전들이 모두 이런 질문
들에 대한 논리적·사상적 논의로 가득 차 있는 것은 우연이
아니다.

3

평등주의는 어떻게
표출되는가?

앞의 1장에서 묘사한 한국인의 평등주의는 구체적으로 어떤 심성으로 표출되는가? 평등주의를 한국인의 '마음의 습관(habits of the heart)'으로 규정한다면, 그것은 어떤 감정과 의식으로 나타나는가? 미국의 사회학자인 벨라의 지적처럼, 마음의 습관은 누대에 걸쳐 오랫동안 아주 서서히 형성되는 지배적 가치관으로서 유아로부터 성인이 되기까지의 사회화 과정에서 사회 성원들에게 자연스럽게 내면화되는 사고양식(mode of thinking)이다.[1] 마음의 습관은 이미 한 사람이 태어나기 이전부터 존재해왔고, 성장 과정에 영향을 미치는 의식 환경이며, 부지불식간에 사람들이 당연한 것으로 받아들이는 가치관이다.

미국의 민주주의를 연구한 토크빌은 이를 습속(folklore)으로 불렀다. 그의 조국인 프랑스에서는 민주주의를 발아시키는 자발적 참여 정신, 자발적 해결 의지, 즉 자치(local autonomy)의 전통이 결여되어 있고, 프랑스혁명에도 불구하고 모든 사람을 평등하게 간주하는 사고양식이 오랜 봉건주의적 지배의 유산

---

1 Bellah, Robert(1985), *Habits of the Heart*, New York : Harper & Row Publishers.

때문에 그리 단단하게 뿌리내리지 못했다. 말하자면, 사람들의 행위와 의식을 관할하는 기본 가치로서의 습속이 너무나 다른 것이다. 자유와 평등은 민주주의를 싹틔우는 두 개의 촉진제인데, 미국의 성립 역사는 처음부터 그것을 사람들이 스스로 따르는 습속으로 만들었다.[2] 독일의 주지주의 철학자 딜타이(Dilthey)가 집단심 또는 집단정신으로 부르는 것, 프랑스의 사회학자인 뒤르켐(Durkheim)이 집합정신(collective consciousness)으로 부르는 것이 대체로 이와 유사하다.

이런 관점에서, 조선 말기 선교사의 눈에 비친 한국인의 기질 중 평등주의적 심성과 관련된 것을 발견하는 일은 어렵지 않다. 예를 들면 다음과 같다.

조선은 미코버(디킨스의 소설에 등장하는 공상적인 낙천주의자)로 가득하다. … 이들은 낭비적이어서 돈을 많이 갖게 되면 금세 써버린다. … 어떤 경로로 산삼이나 한 뿌리 찾거나 아니면 금광이나 수정광을 발견해 돈푼이나 생기게 되면 어떻게 되나? 장차의 일은 그때 가서 어떻게 하기로 한다. 그와 같은 횡재가 있게 되면 일확천금을 노리는 사람들로 거리가 붐빈다.[3]

---

2 Tocqueville, Alexis de(1969), *Democracy in America*. 마음의 습관은 습속을 지칭하기 위해 원래 또크빌이 사용했던 용어이다. 토크빌은 프랑스의 역사학자이자 사회학자로서, 1829년 약관 25세 때 미국을 여행했다. 원래 감옥제도를 시찰하기 위한 여행이었는데, 토크빌은 미국의 행정제도와 자치제도를 위시하여 풍습과 관습 일반에 관해 폭넓게 관찰하고 그것이 민주주의의 사회적 기초를 이룬다는 점에 주목하게 되었다. 그는 지방 참사관 아들로서 부유층에 속해 있었는데, 민주주의를 보는 시선에 긍정적 · 부정적 양 측면이 섞여 있는 것은 이런 계층적 배경에서 유래한다. 토크빌은 이 저서의 학술적 의미를 인정받아 30세에 프랑스 한림원 회원이 되었다.
3 W. E. 그리피스(1999), 《은자의 나라 한국》, 신복룡 옮김, 집문당, p. 373.

인정은 가장 성스러운 의무로 여겨진다. … 가난한 노동자라 할지라도 과객에게 자기의 보잘것없는 음식을 나눠준다. 잔치가 있으면 그 이웃사람들은 으레 초대받은 것으로 생각한다. … 쉽게 추측할 수 있는 바와 같이 이러한 풍속으로 인해 인정 많은 사람들에게 기식하는 거지, 부랑자, 공갈배 그리고 게으른 촌뜨기들이 많다. 부잣집에는 청하지도 않은 식객들이 찾아와서 후안무치하게도 몇 주일씩 먹고 간다.[4]

이 세상에 체면을 차리는 데에 있어 한국인들보다 더 기를 쓰는 민족은 없다. … 지식을 연마한다든가 정신 수준을 향상시키는 데에는 한심스러울 정도로 인색하면서도 자기의 지위를 높이는 데에는 매우 신경을 쓰고 있다.[5]

첫째의 삽화는 누군가 금광을 발견해 횡재를 하면 많은 사람들이 일확천금의 꿈을 찾아나서는 행위를 묘사한 것이다. 횡재는 누구나 할 수 있는 것이 아님에도 말이다. 결국에는 이 마을 저 마을 떠돌아다니는 부랑자로 변한다는 게 그리피스(Griffis)의 지적이다.[6] 그런데도 인정은 많아 부랑자들에게 인심이 후하다. 얻어먹는 사람들도 으레 그런 권리가 있다는 듯이 행동한다. 둘째 삽화는 나도 언젠가 성공하면 당신처럼 될 수 있다는 객기를 부리는 모습을 그리고 있다. 미국 선교사였

---

4 W. E. 그리피스(1999), 앞의 책, p. 372.
5 H. B. 헐버트(1999), 《대한제국멸망사》, 신복룡 옮김, 집문당.
6 조선을 바라보는 그리피스의 시선은 그다지 곱지 않다. 일본에 비해 야만으로 묘사하거나 기껏 해야 개과천선하면 가능성이 있는 나라 정도로 보고 있다.

던 헐버트 역시 조선 사람들이 친척에게 돈을 꾸면서 크게 성공하면 몇 배로 갚아주겠노라고 호언장담하는 풍경을 신기한 눈초리로 바라본다. 호언장담에도 불구하고 십중팔구는 파산할 것임이 명백함에도 친척들이 돈을 빌려주는 것도 이상하다는 것이다. 혹시 그들이 성공해서 돌아올 때를 대비해서인지, 아니면 인심인지 알 수 없다. 셋째 삽화는 체면 중시에 관한 것이다. 한국인은 체면을 중시한다. 체면은 높은 지위에 올라야 굳건해지는 것이기에 신분 상승을 위해 놀랄 만큼 투자를 한다. 체면 갖추기 또는 신분 상승 욕구가 조선 말기 매관매직이나 족보 매매를 성행시켰다.

이 모든 행동들의 배경에는 평등주의적 심성이 작용한다. 나도 횡재할 수 있고 성공하고 싶다는 욕구, 또는 성공할지도 모른다는 근거 없는 예감, 나는 팔자가 좋지만 혹시 팔자가 사나웠다면 부랑자나 거지가 되었을지도 모른다는 생각, 그래서 인심을 베풀게 되는 적선 행위, 가문의 영광과 자신의 영달을 위해 높은 사람이 되고 싶다는 상승 욕구 등등. 얼핏 보기에 서로 모순적인 듯이 생각되는 이런 행위들은 대부분 평등주의가 부추긴 결과이다.

평등주의로 발현되는 행위가 반드시 서로 맥이 통하는 일관성 있는 것들이라고 생각할 필요는 없다. 그것은 서로 상충되는 풍경을 자주 연출한다. 크게 성공한 사람들이 실패한 사람들을 얕잡아보는 것이나 고위관직에 오른 사람들이 평민을 천하게 여기는 것은 평등주의적 심성과 일치하지 않는 것처럼 보인다. 그러나 반드시 그런 것만은 아니다. 성공을 향해서 신분 상승 욕구가 강하게 작용하는 것은 평등주의의 발로이지만, 일단 성공한 뒤에 배타적인 차별 의식이 앞서는 것은 뭔가 온전치 않은 평등주의, 다시 말해 책임감과 도덕심이 결여된 편파적 평등주의의 모습일 것이다. 평등주의는 앞선 사람과의 격차를 메우고 싶은 만큼의, 격차를 메워야 도덕적인 사회라고 주장하는 만큼의 책임과 의무가 따른다. 성공했을 때 다른 사람들의 성공을 도와줄 의무, 정당한 방법으로 노력하는 사람들에게 성공의 기회를 열어줄 의무가 그것이다. 그런데 성공 이후에 배타적 태도로 돌아서는 것은 뭔가 결여된 평등주의, 독점욕과 내통하는 평등주의에 지나지 않는다.

필자는 여기서 '뭔가 결여된 평등주의'에 주목하고자 한다. 다시 말해 '책임과 의무가 결여된 평등주의'의 문제는 1987년 민주화 이후의 한국 사회에 매우 치열한 논쟁과 갈등을 몰고 왔다. 개발 독재 시대에 '잃어버린 처우'를 보상하라는 각종 주장들과 논리들이 경합한 공간이 1987년 이후의 민주화라고 한다면, 평등주의적 이념의 출발점인 책임 · 의무 · 도덕은 물론 분배와 효율성 간의 충돌 문제에 관해 대부분의 성원들이 합의할 수 있는 기준이 마련되었었는가, 아니면 적어도 그런 기준이 왜 중요한지에 대한 공개적 논쟁이 과연 있었는가를 돌아보아야 할 시점이다. 이에 대해서는 5장에서 논의하려고 한다.

여기서는 한국인들이 품고 있는 평등주의적 심성이 표출되는 마음의 양식(mode of mind)을 정리하고자 한다. 앞장의 서술에서 대체로 드러났듯, 그것은 다음과 같은 감정(sentiments)과 의식(consciousness) 유형으로 나타난다.

01

평등 지향적 심성

성취동기

높은 성취동기는 평등주의가 촉발하는 매우 긍정적인 심성이다. 앞에서도 지적한 바와 같이, 성취동기는 자신이 준거로 생각하는 인물이 되려는 의지이자 자기에게 결핍된 무엇인가를 획득하려는 소망인데, 이것 없이는 근대화도 경제 성장도 불가능하다. 한국 사회는 우연히도 성취동기가 매우 높다. 1970년대와 1980년대에 시중에서 통용되기 시작한 '사장님' 호칭이 일반화된 것에서도 알 수 있듯, 한국 사람들은 사장, 곧 성공한 사람으로 불리기를 좋아한다. 서로 모르는 상대방을 '선생'으로 부르면 모멸감을 느낄 정도가 되었다. '선생'은 점잖은 사람을 대접하는 호칭이었다.

성취동기가 법과 절차에 의해 적절히 관리되지 못하면 부정과 비리가 만연될 우려가 있다. 치열한 성취 경쟁의 와중에서 불법과 탈법이 판을 칠 수도 있기 때문이다. 법치주의가 중요해지는 이유가 이것이다. 성취동기가 대체로 자녀들에 대한 높은 교육열로 나타난 것은 매우 다행스러운 일이다. 한국은 세계에서 대학 진학률이 가장 높은 국가가 되었고, 그 결과 우수한 인적 자본이 고도성장의 밑거름이 되었다.

시기와 질투

자신이 소망한 것을 성취한 사람은 많지 않다. 성취한 사람일지라도 그것에 만족하지 않고 더 큰 것을 바라게 된다. 한국에서 이런 현상은 고도성장과 결합해서 더욱 증폭된 측면이 있다. 평범했던 이웃사람이 국토개발계획으로 순식간에 갑부가 되는 것을 보면서 자신의 처지에 만족할 사람이 별로 많지 않을 것이기 때문이다. 성공의 수단이 합리적이지 않을 때, 성공한 사람이 우연히 그리고 무작위로 나타날 때, 정도(正道)를 밟는 사람에게는 오히려 더 작은 기회가 주어질 때, 성공에 대한 시기와 질투심은 증폭된다. 성취동기가 긍정적인 것이라면, 시기와 질투는 성취동기에 수반되는 부정적 심성이다.

분노와 불신

시기와 질투가 개인적 차원의 심성인 데에 비해, 분노와 불신은 사회적 차원으로 확대된 심성이다. 능력과 노력이 같았다고 가정하고, 자신의 처지가 남보다 못하게 되었다면 화살은 사회로 날아간다. 분노는 성공의 지위를 누리는 사람들에게로 향하고, 그들의 성공에 합리적 근거가 없다고 판단할 때 사회적 불신이 싹튼다.

　사실 1960년대와 1970년대 한창 산업화가 추진되었을 당시 성공한 사람들은 대체로 내부 정보를 미리 얻었거나 연줄을 통해 기회를 얻은 경우가 많았다. 부정부패와 비리가 만연되었다. 국제 연구기관들은 한국을 부패국가로 분류하는 데에 서슴지 않는다. 그러므로 작게 성공한 사람이나 실패한 사람들은 분노를 느낀다. 정권이 바뀔 때마다 부정 축재자와 비리 사범을 처벌하는 것은 정권의 정당성을 높이는 좋은 방법이다. 분노를 달래 지지를 얻어내려는 정치적 전략이다. 분노는 특히 지배층과 부유층으로 향한다. 그들이 지배하는 사회에 분노를 느낀다는 것은 곧 사회적 불신을 의미한다.[7] 분노는 사회적 불신을 낳고 사회적 불신은 자신이 실패한 원인을 외부로 돌리게 만든다. 모든 문제가 자신이 아니라 사회에 있는 것이다. 공적인 것에 대한 불신이 쌓일수록 역으로 사적 연줄에 대한 의존도가 높아진다. 왜 한국에서 연고주의적 행태가 확산되었는가의 질문도 이런 측면에서 조명할 수 있을 것이다.

존경의 철회

불신은 공적인 것, 사회적 지위, 정치권력 등에 대한 '존경의 철회(withdrawal of respect)' 를 촉진한다. 연장자에 대한 존경은 연장자의 경험과 지혜를 소중하게 생각하는 것에서 나온다. 그런데 연장자가 시대 변화를 무시한 채 구습을 강요하거나 이미 효력을 상실한 가치관을 강제할 경우 존경심은 사라진다. 공적 권위(authority)를 형성하는 것들, 예컨대 고위관직, 대기업 기업주, 판검사, 의사, 교수, 전문 경영인, 은행가 등 지배층이 도덕과 윤리를 무시하고 사리사욕에 급급한 모습이 자주

---

7 국민이 정부를 믿지 않는 것은 후진국과 선진국을 막론하고 일반적 현상이지만 후진국일수록 불신도는 더 증가한다. 부정부패가 만연된 국가와 지배층은 국민의 분노의 대상이다. 그 외에도 정부 불신의 이유는 매우 다양하다. 예를 들면 정부에 거는 국민들의 기대 수준이 높아도 그렇고, 정부의 역할과 기능이 다양해도 그러하다. 조셉 나이(2001), 《국민은 왜 정부를 믿지 않는가?》, 박준원 옮김, 굿인포메이션.

나타날 때 이들의 직책에 수반되는 권위는 빛을 잃는다. 분노와 불신이 증폭되는 상황에서 존경심을 유지할 수 없는 것이다. 권위의 붕괴가 일어나면 사회질서는 교란되고 사회 각 영역에서 저항과 갈등이 빚어진다. 사회적 존경의 유무는 민주주의 정권에서 지배력(governance)을 구성하는 가장 중요한 요소이다. 아무리 절차적 합법성을 획득한 정권일지라도 실권자들과 지배층이 존경을 상실하면 권력과 권위의 효율성은 급속히 저하된다. '못 배운 나도 저렇게 하지는 않을 것'이라는 경멸감이 확산되는 사회에서 성공의 합리적 척도와 기준을 마련하기란 매우 어렵다.

자기 부정

'잘못은 외부에 있다'는 확신은 자신의 능력과 노력 여부를 정확하고 객관적으로 평가하는 것을 막는다. 나는 노력했고 능력도 있는데 실패한 것은 사회의 잘못이라는 인식이 싹트고, 그것은 급기야 '자기 부정(否定)'을 낳게 된다. 자기 부정이란 나를 부정한다는 뜻이 아니라 실패의 탓을 외부로 돌리는 성향, 우연·기회·운·팔자·백 등의 비합리적 요소로 돌리는 경향을 의미한다. 실패의 궁극적 원인이 나에게 있을 수 있다는 생각을 부정하게 만들고, 따라서 올바른 자기 평가를 가로막는다. 책임이 외부로 돌려질수록 원래의 자질과 투하된 노력보다 스스로를 과대평가하는 성향이 높아진다. 자기 과시, 괜한 자존심, 체면 세우기, 호기(豪氣) 부리기 등이 자기 부정의 결과로 빚어지는 행위양식일 것이다.

고도성장기의 한국 사회는 이런 다섯 가지의 심성이 서로 뒤범벅되면서 매우 다양한 형태의 갈등이 생성되었다. 권위주의 정권에서는 강압정치로 그런 갈등을 억제해나갈 수 있었지만, 1987년 민주화 이후에는 눌렸던 갈등이 폭발하면서 각종 이해 충돌로 터져나왔다. 민주화가 합리적 절차와 제도 도입을 통해 평등주의를 합리적으로 발현하도록 하는 개혁 과정이라면, 여기에는 다섯 가지의 심성이 초래한 '왜곡된 가치'를 정상화하는 과제가 초점이 아닐 수 없다. 왜곡된 가치란 지배층 또는 크게 성공한 사람들이 정당성이 결여되고 신뢰와 존경을 받지 못하는 사회에서 일반 시민들이 자기 보호와 이해 관철을 위해 선택하는 편의적 수단들과 비합리적 사고양식을 지칭한다. 그것은 말하자면 '합리적으로 발화되지 못한 평등주의적 심성'이 빚어낸 부정적 결과들이다. 여기서 말하는 왜곡된 가치란 이런 것들이다.

왜곡된 가치관

목적과 수단의 전치

정도(正道)를 걷는 경우 성공할 확률이 작아지는 사례가 반복된다면 사람들은 정상적 방식을 벗어나 비정상적 우회로를 선택할 것이다. 목적과 수단의 전치가 이런 경우에 일어난다. 흔히 말하듯 가치관의 전도, 목적 달성을 위해서는 수단과 방법을 가리지 않게 되는 가치관 혼란의 상태가 초래된다. 부정부패와 비리는 목적/수단 전치 현상의 전형적 결과이다. 성취동기는 높은 데에 반하여 사회질서를 지키려는 의무감과 도덕 정신이 약화되는 것이다. 여기에는 세 가지가 두드러진다.

연고주의와 패거리주의　앞에서 지적하였듯이, 합리적 경쟁을 선택한 사람들이 불이익을 받을 가능성이 많을 때 경쟁자들은 자신의 이익에 도움이 되는 유리한 자원을 동원하려고 할 것이다. 지연과 혈연은 생래적 자원으로서 상호부조를 촉진하는 결속 요인이고, 학연은 후천적 자원으로서 소속감과 신뢰를 만들어낸다. 이 모두 연줄이라고 하는 조직 자원의 중요한 요인들이므로, 연줄을 동원한 사람들은 개별적 경쟁자보다 유리한 입지를 점할 수 있다. 연고는 서로 모르는 사람들이 만났을 때보다 불신의 벽을 쉽게 허물어 거래비용(transaction cost)을 낮춘다. 연고주의와 유사한 행위양식이 패거리주의인데, 연고는 패거리주의에 비해 단기적 이해관계에 비교적 덜 영향을 받는다는 점에서 차이가 난다. 연고에 기초한 결속체는 이해 충돌이 발생해도 지속 가능성이 크지만, 패거리주의는 사안에 따라 이해관계가 바뀌어 해체와 재결속을 반복하는 경향이 있다. 그러나 양자는 모두 개별적 경쟁, 합리적 경쟁의 불이익을 조직 자원을 통해 줄이려는 리스크 최소화(risk minimization)를 목적으로 한다는 점에서 동일하다.

법치주의의 약화　앞에서 지적했듯, 한국에서는 부유층을 범죄자로 인식하는 경향이 짙다. 법과 절차를 지키고 재산을 모으는 것은 거의 불가능하다는 인식, 또는 대부분의 축재자들이 크고 작은 범법을 저질러왔다는 사실이 매우 명백한 역사적·사회적 근거를 갖고 있기 때문이다. 부정 축재자의 처벌은 정권 교체에 당연히 수반되는 국민적 행사로 기대되고 있으며, 이것을 통해 평소에는 존경받던 사회 유명인사들의 치부가 낱낱이 드러난 것이 한두 번이 아니었다. 예를 들어 법을 만들고 집행하는 국회의원들과 정치인들이 재벌과 대기업으로부터 거액의 정치자금을 받고 자금 제공자는 그에 응당한 특혜를 누려왔다는 것은 한국 사회에 널리 알려진 구조적 비리이다. 정경유착의 고리를 끊어야 한다고 외친 정치인들도 돈과 권력의 커넥션에서 자유롭지 못했다. 이런 상황에서 일반 시민들이 법을 준수할 것을 기대할 수 없다. 투기와 탈세는 대기업뿐만 아니라 중상층이 재산을 늘리고자 할 때 즐겨 사용하는 방법이었다. 주택과 토지에 대한 투기 열풍에 가담하지 않거나 못 하는 사람들은 계층 상승의 꿈을 접어야 한다. 거미줄처럼 얽혀 있는 행정 규제를 피하기 위해 뇌물이 성행하고, 자녀들의 성공적 대학 진학을 위해 성적과 촌지가 교환된다. 법은 있으되 지켜지지 않는 명목적·형식적 가치로 전락하면 법치주의는 집단 간 이해 충돌을 다스리지 못하고 시민들의 분노와 불만을 해소하지 못한다.

기회주의 법과 제도가 잘 짜이고 지켜지는 사회에서 성공의 확률은 노력과 능력에 좌우된다. 그러나 그렇지 못한 사회에서는 틈새 공략과 기회의 활용이 중요하다. 선진 사회에서 성공의 속도는 매우 느리고 단계적이다. 매 단계마다 자질을 검증받아야 하고, 개인과 기업은 모두 공인된 신용평가 체계를 거쳐야 한다. 경제 주체들에 대한 신용정보가 개방되고 공유되는 시장에서 일확천금의 '기회'는 매우 드물다. 그러나 성장하는 시장, 그것도 고도성장의 와중에서 법과 제도를 만들어가는 사회에서 일확천금의 기회는 널려 있다. 앞에서 인용한 그리피스의 묘사에서처럼, 한국 사람들은 원래 일확천금을 노리는 기질이 다분하다는 가정을 일단 수용한다면, 고도성장 기간에 '기회주의'는 축재를 향한 최선의 방법으로 추구되었을 것이다. 투기와 재투기, 뇌물 공여를 통한 특혜, 개발 정보 독점 등이 기회주의를 부추긴 편법들이었다.

의무감이 약화된 '자유주의'

자유주의에서 규정하는 자유는 권리와 의무를 동시에 내포하는 개념이다. '타인의 자유를 침해하지 않는 범위 내에서 개별 성원은 자신의 천부적 권리를 주장할 권리가 있다'는 것이 자유주의의 내용이라면, 앞의 것은 '의무'를, 뒤의 것은 '권리'를 지칭한다. 곧 자유주의는 권리와 의무가 균형을 이뤄야 함을 전제로 한다. 이 전제가 평등주의의 출발점이다. 모든 성원이 '평등하게' 권리를 향유하고, 타인도 나와 '평등하다'는 인식과 사회적 합의가 평등주의의 전제 조건이라는 뜻이다. 그러나 앞에서 지적하였듯, 기회를 선점한 타인이 나의 권리를 침해했다는 인식이 만연된 한국 사회에서 자유주의는 의무보다 권리 의식이 불균형적으로 부풀려지기에 이르렀다. '기회를 선점한' 타인, '부정과 부패를 일삼는' 타인, '법을 지키지 않고 연고를 동원한' 타인을 위해 굳이 자신의 권리를 억제해야 할 아무런 근거가 없었던 것이다. 이로부터 의무감이 약화되고 권리 의식이 부풀려진 한국적 자유주의가 발화했다. 자유주의는 자유와 평등이라는 양 날개로 균형을 취해야 하는데, 한국의 자유주의는 자유보다 평등에 훨씬 무게가 실린 불균형적 구조를 갖추게 되었다.

이는 한국 근대사의 발전 궤적의 특성, 즉 일본의 식민화가 자유주의를 촉진하는 정치경제적 기제인 자본주의와 시장의 자율적 성장을 막았으며, 그 결과 자유주의의 계층적 담지자인 중산층이 형성되지 않았다는 사실과 관련이 깊다. 이런 상태에서 자본주의, 시장, 중산층이 강력한 국가 주도 산업화에 의해 동시적으로 만들어졌다면, 겨우 1970년대와 1980년대에 기틀이 잡힌 중산층으로서는 자유주의의 기초인 '부르주아적 윤리(bourgeois ethics)' 를 창출할 기회를 놓친 셈이다. 부르주아적 윤리라고 해서 지배층의 논리를 얘기하는 것은 아니다. 그것은 애덤 스미스가 지적하듯 시장을 움직이는 전제 조건인 도덕적 정서(morality), 근면, 절약, 성실, 자기 규제, 도덕 등을 총괄적으로 지칭하는 막스 베버의 '프로테스탄트 윤리' 와 동일하다.[8]

부르주아적 윤리가 결여된 중산층이 강한 성취동기를 실현하기 위해 투기, 비리, 연고 형성의 주체가 됨으로써 하층으로부터는 시기와 불만의 대상이 되었고, 상층과 지배층에 대하여는 그 자체 분노와 불만, 불신감을 만들어내는 생산자가 되었다. 중산층과 하층이 매우 다른 사고방식을 배양하고 있음에도 불구하고 평등주의의 부정적 심성과 관련해서는 서로 유사한 상동 구조를 보이고 있는 것이다. 이 점을 직시하는 것이 중요하다. 한국의 중산층과 하층은 자유보다는 평등, 의무보다는 권리에 비중을 두는 급진주의적 논리에 더욱 매력을 느끼게 되었는데, 1980년대 학생운동권에서 사회주의 혁명론이 주조되고 급기야는 PD(민중민주주의)와 NL(민족해방론)적 혁명론이 아직도 정치권과 사회운동계에서 맹위를 떨치고 있는 이유, 그것의 영향 때문인지 일반 국민들도 '결과의 평등' 을 더 중시하

---

8 홉스봄은 18세기와 19세기 유럽 근대사를 이끌었던 부르주아적 정신을 건축, 법, 예술, 문학 등의 관점에서 다양하게 조명한다. 그것은 세계를 주도하는 지배적 가치관 및 시대정신으로서의 윤리였다. 에릭 홉스봄(1998),《자본의 시대》, 정도영 옮김, 한길사.

는 태도를 갖게 된 이유도 그런 사실과 관련이 깊다.[9]

자본주의 사회에서 평등은 자유를 제한해야 이뤄진다. 그런데 어느 정도 자유를 제한할 것인가가 문제다. 자유를 최대한 억제하는 것(또는 자유를 부정하는 것)이 사회주의이고, 자유를 최대한 허용하는 것이 자유주의이다. 한국의 평등주의는 자유의 범위를 좁힐 것을 요구하는데, 그 위치와 강도를 둘러싸고 이른바 '경계 투쟁'이 일어나고 있다.

결과의 평등

평등은 '기회의 평등'과 '결과의 평등'으로 구분된다. 평등주의는 생득적 자원의 차이에 의해 기회가 차등적으로 분배되는 것에 반대한다. 사회경제적 지위가 높은 부모의 자녀들은 그만큼 좋은 교육 기회를 누릴 수 있다. 반면 빈곤층은 아무리 높은 교육열이 있어도 자녀들에게 투자할 자원이 적다. 이런 차이를 좁히는 것이 기회의 평등이다. 앞에서 지적하였듯이, 서울대학교에서 시행하는 지역균형선발제도는 기회의 평등을 실현하는 좋은 사례이다. 대기업 공채에서 지방대학과 명문대학의 차별을 없애는 것, 지방공무원 고시에서 지방대학 출신자의 비율을 높이는 것, 장애인과 소수자를 위한 특별 배려 등등

---

9 PD는 Peoples' Democracy(민중민주주의)의 약자, NL은 National Liberation(민족해방론)의 약자다. 1980년대 운동권이 만들었던 혁명론인 사회구성체론을 이론적 기반으로 한다. 두 이론과 세력을 갈라놓는 기준은 (1) 혁명의 목적 : 제국주의로부터의 해방인가, 자본가로부터의 해방인가, (2) 누가 혁명의 아군이고 누가 적군인가, 라는 두 가지 쟁점이다. 세계화의 시대 논리로 보면, 원시적·시대착오적으로 보이는데, 당시에는 많은 지식인, 대학생, 운동권이 여기에 가담했고 생명까지 바칠 각오를 했다. 그런데 지금 이 시점에서도 양대 이데올로기가 현실 정치와 현실 경제의 비판 논리로 여전히 무시할 수 없는 영향을 미치고 있음을 목격한다.

은 기회의 균등을 촉진한다.

자유주의는 기회의 균등을 높이는 데에 반대하지 않는다. 다만 어느 정도가 적정선인가를 두고 논란이 벌어질 뿐이다. 그런데 '결과의 평등'은 조금 문제가 다르다. 자유주의는 기회의 평등이 주어지는 한 결과의 불평등은 문제 삼지 않는다. 물론 불평등의 정도가 매우 높아서 사회의 균열이 발생할 정도라면 문제겠지만, 관용의 수준를 넘지 않는 불평등은 일종의 인센티브로 생각하는 경향이 있다. 그러나 이에 대해서도 견해가 다르다. 우파 이념에서 좌파 이념 쪽으로 갈수록 기회의 평등보다 결과의 평등을 더욱 중시한다. 사회주의는 '결과의 평등'을 정치권력을 통해 강제하는 체제이다.

한국의 평등주의는 이런 점에서 특수하다. 기회의 평등과 결과의 평등을 모두 문제시하기 때문이다. 생래적 자질의 불평등 분포에 따라 기회의 불평등이 매우 극심하다는 현실 인식, 평등 분배를 위한 정부의 정책이 빈약해서 기회의 불평등이 거의 방치되어 있다는 비판 의식, 그리고 정권과 결탁한 재벌 대기업, 관료, 사회 엘리트가 기회를 독점하고 있다는 의식이 '기회의 균등'을 쟁점화한다. 결과의 불평등에 대한 불만은 더욱 세차다. 기회의 균등이 주어지지 않았다면 정부의 강력한 개입을 통해 결과의 평등 분배를 꾀해야 한다는 논리이다. 개별 경쟁자 간에 능력과 노력의 차이가 있다고 인정하더라도 현실의 불평등이 관용의 수준을 훨씬 상회하기 때문에 결과의 분배도 같은 강도로 추진되어야 한다고 생각한다. 이런 견해는 사안에 따라서는 '결과의 평등' 쪽에 과도한 비중을 두는 사회주의적 사조와 연결되기도 한다.

한국에서 불평등이 확대되고 양극화 현상이 심화되면서 결과의 평등은 더욱 강조되는 경향이 보인다. 후술하겠지만, '결과의 평등'에 무게를 싣는 최근의 이념적 성향이 과연 효율성과는 어떤 관계를 갖는가, 또는 수월성, 노력, 성실성에 어떤 보상을 줄 것인가에 대해서는 별로 뾰족한 답을 내놓지 못하고 있는 형편이다. 사회적 갈등과 세력 투쟁이 이로부터 발원한다. 한국의 평등주의는 기회와 결과의 평등을 모두 강조하면서, 사안에 따라서는 '결과의 평등'에 과도한 무게를 두는 모습이 자주 발견되고, 또 시민들에게 강한 호소력을 발휘한다.

평등주의는 사회적 가치의 분배를 문제시한다. 그런데 한국 사회의 평등주의가 내면화한 특성과 왜곡된 가치 때문에 사회 성원들이 만족할 만한 분배의 기준을 설정하기란 무척 어렵다. 다시 말하면 '사회적 합의'를 이뤄내기가 난감하다. 우리가 일상적으로 겪는 사회적 갈등에서 그러한 예는 수없이 많다. 가령 대기업에서 생산성을 높이려고 성과급을 준다고 하자. 어떤 기준으로 성과급을 줄 것인가? 개별적 성과급, 팀별 성과급, 혹은 부서별 성과급? 미국처럼 개인주의가 발달된 사회라면 개별 성과급이 무리 없이 채택될 것이고, 일본이라면 팀별, 부서별 성과급이 선호될 것이다. 그렇다면 한국은? 이는 기업의 특성과 전략에 따라 달라진다. 세 가지 유형이 뒤섞여 나타난다.

예를 들어보자. 몇 년 전, 대학에서도 성과급이 책정되었다.

그런데 학교 본부에서는 학과 교수의 숫자에 따라 일정한 액수를 책정했고 그 구체적인 분배 방식은 학과에서 결정하라고 공문을 내려 보냈다. 단, 교수 간 격차를 최대한 벌리라는 단서가 달려 있었다. 격차를 많이 벌리는 학과일수록 다음해의 성과급이 커진다는 내용이었다. 학과 교수회의에서 결정된 내용은 천차만별이다. 어떤 학과에서는 발표된 논문 수에 따라 성과급 액수가 결정되었다. 성과급이 교수의 연구 업적을 향상시키는 데에 목적이 있으므로 나름대로는 취지에 맞게 매우 합리적 기준이 채택된 것이다. 그런데 그것도 만족스러운 기준은 아니다. 대학의 생산성이란 연구 업적 외에 교육 기여도와 사회 기여도를 반영해야 하기 때문이다. 그런데 그것을 측정하기가 매우 난감하다. 만약 누구의 교육 기여도가 특히 우수하다고 공공연히 말한다면 아마 학과 내에 분쟁이 발생할 것이다. 그래서 다른 학과에서는 장시간 논의한 결과 직급에 따라 약간의 격차를 두는 일률적 분배 방식을 택했다. 격차가 작을수록 교수들은 평균 지급액과 가까운 성과급을 받게 되는 것이다. 격차를 최소화하는 기준을 택한다면 그 자체로 평균 지급액이 된다. 대부분의 학과가 채택한 것도 대체로 평균 지급액과 가까운 분배 방식이었다. 이를 의사사회주의(pseudo-socialism)라고 한다면, 한국의 평등주의는 거의 의사사회주의 모습을 띠고 있다.

대학의 경우는 논의 과정이 있었기에 갈등이 없다. 학과의 성원들이 그 기준을 대체로 동의했거나 암묵적으로 수용했기 때문이다. 그러나 일반 사회라면 사정은 다르다. 재산세 산정 방식에도 이런 의사사회주의가 작용했다. 재산세 산정 방식이 바뀐 것은 불과 수삼 년 전의 일인데, 그 전에는 주택의 경우 가격보다 크기(평수)가 기준이 되었다. 그래서 지방 소도시의 40평 아파트와 강남의 40평 아파트에 동일한 세금이 부과되었다. 실제적인 가격 차이는 거의 5~6배 정도였는데도 말이다. 시장 가격이 워낙 변동이 심해서 반영하기가 어렵다는 게 이유였는데, 사실상은 주택 크기 외에 이의 없이 사용할 수 있는 공통의 기준을 찾기가 어렵다는 게 국세청의 설명이었다.

그런데 현 정권에서 시장 가격을 반영하는 정책이 시행되기에 이르렀다.[10] 자동차세도 마찬가지이다. 아무리 낡은 차라고 할지라도 배기량이 크면 세금이 올라간다. 이에 대한 시민들의 항의가 빗발치자 국세청은 생산연도(연식)를 반영하기 시작했는데, 배기량에 따라 올라가는 할증료보다 연식에 의한 할인료가 너무 작아 자동차세의 형평성에 미치는 효과는 별로 없다. 1999년 도입된 도시 자영업자 연금 제도에서 연금부금 액수를 결정하는 방식도 같은 논리이다. 자영업자의 소득을 정확하게 측정하기가 어렵기 때문에 자영업자들이 소유한 주택과 자동차 가격이 부과의 기준이 되었다. 주택과 자동차가 고급스러우면 소득도 많을 것이라는 가정에서였다.[11]

---

10 그러나 이것도 '주택 값과의 전쟁'의 소산이다. 형평성을 앞세운 것이 아니라 강남 집값을 잡겠다는 정치적 의지가 앞섰고, 이는 서민들의 평등 지향적 심성을 자극했다. 그 결과 강남 지역을 비롯하여 집값이 비싼 지역에는 어느 날 갑자기 재산세가 3~4배 급등했다. 기준시가를 현실화했고, 여기에 종합부동산세가 부과된 탓이다. 세금 인상은 사회적 정의에 한 걸음 다가선 조치라는 일반적 여론을 받아들인다 해도, 그것이 경제 활성화에 도움이 될 것인가(효율성), 거둔 세금을 어디에 쓸 것인가(세원 활용), 세금 인상의 부작용은 없는가(고령자나 연금생활자, 단기적 2가구 소유자) 등등을 면밀히 따져야 한다.

그렇기 때문에 한국 국민들이 대부분 수용할 수 있는 합의의 기준을 찾아내기는 무척 어렵다. 아니면 거의 불가능할 정도라고 해도 과언이 아니다. 한국에서 '사회적 합의'가 부재한 이유가 이것이며, 어렵사리 만들어낸 사회적 합의제도—예컨대 노사정위원회—가 기능을 상실하거나 1998년 2월 성사된 최초의 사회적 합의가 단기적으로만 효력을 가질 뿐 장기적으로는 유명무실하게 되는 이유도 이런 까닭이다. 협약 부재의 이유, 협약 창출의 어려움은 평등주의적 심성을 만족시킬 기준이 마땅치 않다는 데에 놓여 있다. 이해 충돌이 분배 투쟁의 형태를 취할수록 해결이 어렵다. 이해 당사자들의 원만한 합의를 기대하는 것은 불가능하고 대체로 제3자(중재자)의 개입이 필요해진다. 제3자가 조정 기능을 발휘해야 해결의 실마리가 보이게 되는 것이다. 민주화 이후에는 시민사회단체가 제3자의 역할을 맡아 무리 없이 수행하기도 했다. 그러나 최근에는 시민사회단체의 이념적 편향성이 자주 거론되면서 시민단체들도 그 자체 이해 당사자로 변화하는 양상이 나타나고 있다.[12]

---

11 이런 관점에서 조세개혁은 한국의 '사회적 정의'를 위해 시급한 과제이다. 누구나 이런 사실을 인식하고 있다. 그러나 세금 부과의 기준을 세우고자 할 때 합의는 거의 불가능하다.

12 모든 시민운동단체가 다 그런 것은 물론 아니다. 다만 시민운동단체는 어떤 정권이 들어서도 정치적 중립을 지켜야 하는 것이 원칙인데, 참여정부하에서 많은 시민운동단체들은 참여정부의 정치적 후견인 역할을 자처했다. 그들은 주로 개혁을 정치적 지원의 명분으로 삼지만, 시대의 흐름이 달라지면 정치적 후견은 정치적 유착으로 변화했던 것이 과거의 역사적 교훈이다. 한국의 정치는 이른바 시민단체의 과잉대변(excess of representation)으로 치닫고 있다. 졸저 (2005), 《한국, 어떤 미래를 선택할 것인가》, 21세기북스 참조.

4

평등주의가 증폭된 이유

그렇다면 왜 이런 성격의 평등주의가 증폭되었는가? 사실 평등주의적 심성은 어느 사회이든 존재하기 마련이다. 1990년대 초에 붕괴한 사회주의 국가들은 정치권력으로 평등을 기획했다. 자유의 최소화를 통하여 평등을 최대화하고자 하였는데, 개인적 인센티브를 고려하지 않은 탓에 물질적 조건이 열악한 상태의 하향 평등화를 초래하고 말았다.

　자본주의 국가들도 평등의 실현을 위해 매우 다양한 조치들을 실행한다. 예를 들어 사민주의 국가에서는 법인세를 순이익의 60% 정도로 설정하여 생산 이윤이 자본에 과도하게 집중되는 것을 막고 있으며, 개인세도 소득에 따라 40~60% 정도로 고율의 누진세를 적용하고 있다.[1] 고소득자로부터 더 많은 세금을 거둬 저소득층의 복지 증진에 할당하고 있는 것이다. 고율의 세금에 대한 고소득층의 불만이 날로 늘어가고 있지만, 사민주의 국가에서 특유한 계급 타협(class compromise)이 일종의 사회적 합의 형태로 지켜지고 있기 때문에 세금 인하는

1　사민주의 국가는 스웨덴, 노르웨이, 핀란드, 덴마크 등 스칸디나비아국가군을 지칭한다. 독일과 프랑스는 엄격하게 말하면 사민주의 국가는 아니지만, 독일의 정치제도는 사민주의적 성격을 많이 갖추었다. 독일의 경우에도 자산가와 고소득자에게 고율의 세금이 적용된다.

매우 어려운 정치적 과정을 통과해야 한다.

정도의 차이는 있지만, 유럽 국가들은 조합주의적 정치(corporatist politics)를 통하여 평등을 기획하고 조직했다.[2] 능력이 부족하고 생활 여건이 어려운 저소득층을 위해 기꺼이 자신의 소득을 할애한다는 것을 일상적 관습처럼 받아들이고 있다. 고소득층들은 계층 간 소득 불평등에 의하여 사회가 분절되고 갈등이 유발되는 것보다 사회적 소득 이전(social transfer)을 통해 연대감을 증진하는 것이 사회정의에 맞고 또 국가 경쟁력의 증진에도 도움이 된다는 것을 인식하고 있다. 이것이 제2차 세계대전 이후 유럽에서 정착된 복지국가(welfare state)의 이상이다. 유럽에는 못 미치지만 자유주의적 전통이 강한 미국에서도 빈곤 정책, 고령자 보호법, 메디케이드(Medicaid) 등의 정책 수단과 세금 정책을 통하여 소득 불평등을 완화하고자 노력한다. 다시 말해, 평등주의적 심성은 어느 국가나 존재하는데 한국과 같이 강한 불만과 분노감으로 전환되는 국가는 거의 없다고 보아도 무방하다.

선진국이 평등주의적 심성을 완화시키는 다양한 유형의 정책들을 시행하고 있는 데에 반하여, 한국에서는 그런 정책적 수단들이 발전되지 못했다. 말을 바꾸면, 불평등을 완화해줄 복지제도의 발전이 매우 미약해서 역사적으로 오랫동안 형성되어온 평등주의적 심성을 누그러뜨리지 못했다. 여기에 1960

---

2 조합주의(corporatism)는 자본주의의 주요 계급이 조직화되어 계급 간 협약정치가 이루어지는 정치 체제를 의미한다. 노동, 자본, 정치 대표로 이뤄지는 노사정위원회(tripartite commission)가 전형적 기제이며, 산업 부문별로 정상 수준에서 조직 간 협약이 진행되고 협약의 결과가 정책으로 실행되는 것이 조합주의 정치의 일반적 관행이다.

년대 이후 고도성장 기간 동안 불법, 연고, 투기, 부정부패 등
으로 인한 부의 편중 현상이 심화되면서 평등주의적 심성은 급
기야 불만, 분노, 적개심 등으로 분출되기에 이르렀다. 평등주
의적 심성은 사실상 개발 독재의 주체인 권위주의 정권의 억압
적 정치가 더욱 촉발시킨 측면도 있다.

　민주주의의 두 축을 자유와 평등이라고 한다면, 권위주의적
억압정치는 자유의 억제에 역점을 둔다. 개인적 자유와 집단
적 자유를 억제하는 데에는 군대와 경찰, 정보기관과 같은 억
압적 국가기구를 동원할 수 있으며, 그 방법도 다양하다. 그러
나 개인의 마음에 숨어 있는 평등주의적 열망까지 억제할 수
있는 것은 아니다. 평등주의적 심성을 제어하려면 용의주도한
이데올로기적 공세와 고도의 세뇌술을 개발해야 한다. 교육이
그런 수단일 수 있다. 그러나 권위주의 정권은 평등주의적 열
망을 약화시킬 필요를 느끼지 않는다. 왜냐하면 불평등 구조
와 그에 대한 불만은 지배층이나 기득권층을 공략할 수 있는
발판을 제공하기 때문이다. 오히려 권위주의 정권은 평등주의
를 앞세워 구지배층과 기득권층을 공격하고 비합법적 방법으
로 붕괴시킨 기존 정권의 정치적 실패를 비판한다. 권위주의
정권이 얼마나 평등주의에 잘 호소하는가는 정치적 정당성의
결핍을 치유하는 중요한 수단이다.

　흥미롭게도 대부분의 권위주의 정권은 '법 앞의 만인의 평
등'을 강조하는 경향이 있으며, 모든 사람들과 집단을 차별 없
이 평등하게 대한다는 원리를 철저하게 강조한다. 비록 비합
법적·폭력적 수단을 동원하여 권력을 장악했다고 하더라도

자신들은 과거의 기득권자들과 지배 집단에 비하여 공평하다
는 것을 만천하에 알리고자 한다. ‘공평하다는 것’ 이 사실은
‘공평하게 대우한다거나 존중한다’ 는 것이 아니라 ‘공평하게
억압한다’ 는 것을 의미한다는 점을 국민들은 곧 알아차리게
된다. 이것은 한국에서 성립된 권위주의 정권의 ‘정치적 역설
(political dilemma)’ 인 것처럼 보인다. 공평성과 평등주의를 강
조하지 않으면 특정 집단과 계급에게 특혜를 주었던 과거의 정
권을 폭력적으로 무너뜨린 명분이 사라지고, 구지배 집단의 실
정을 폭로하고 비판할 마땅한 기준이 없어진다.

  평등주의를 동원하여 부족한 정치적 정당성을 보완한 권위
주의 정권은 다시 그 평등주의를 통치 원리로 삼아 모든 국민
들을 ‘공평하게 탄압한다’. 즉 억압정치에서 차별을 두지 않는
다는 뜻이다. 남미의 권위주의 정권에서 발견되는 ‘구속과 유
인(constraints and inducements)’ 이 한국에서는 성립되지 않는
다. 어떤 집단은 정치적 충성을 조건으로 해서 정치적으로 포
섭하고(유인), 다른 집단은 억압을 가하는(구속) 이른바 ‘차별의
정치’ 가 한국에서는 적용되지 않는다. 그저 공평하게 억압했
을 뿐이다. 자본가도 억압했고, 노동자도 억압했으며, 농민도
학생도 종교인도, 그리고 평범한 시민들도 모두 억압의 대상이
었다. 정치적 충성을 바쳤다고 엄청난 포상을 하는 것도 아니
었다. 일사불란한 억압정치, 그것은 권위주의 정권이 정치적
정당성을 강화하고자 활용했던 평등주의적 통치의 소산이다.

  노동조합에 대한 억압통치가 전형적이다. 남미의 권위주의
정권은 노동조합에 일정한 특권을 부여했고, 노동조합 지도자

들에게 조합원의 임금과 복지 혜택의 크기를 결정할 권한을 주었다. 권위주의적 통치자로부터 권력을 위임받은 노동조합은 국가 정책을 지지하고 국가의 통제 전략에 포섭된다. 이른바 '주고받는 정치(give-and-take politics)'가 이뤄지는 것이다. 어떤 특정 부문이나 집단을 선별하여 특혜를 부여하고 그들로 하여금 억압적 국가 정책의 지지자가 되게 하는 정치를 국가조합주의(state corporatism)라고 부른다. 그러나 한국의 권위주의는 노동조합을 정치적 파트너로 생각하지 않았다. 노동 계급은 산업화에 유용한 동원 대상이었다. 동원 전략에 예외는 인정하지 않았다. 정치적 충성을 바칠 준비가 되어 있는 노동조합은 그냥 내버려두는 것으로 일관했고, 이탈하는 노동조합에는 철퇴가 가해졌다. 모든 개인과 집단을 '평등하게 억압했다(wholesale repression)'는 사실은 남미의 권위주의와 구별되는 배타적 특징이다. 한국의 권위주의 통치자들에게 포섭은 불미스러운 행위양식이었다. 비록 국민들이 볼 수 없는 장막 뒤에서는 포섭 행위를 수도 없이 자행했지만, 적어도 공식적 무대에서는 그런 행위를 부정했고 그런 이념도 배제했다.[3] 평등주의는 권위주의 정권이 자유를 최대한 억제하는 대가로 허용한 심리적 특성이자, 권위주의적 통치양식의 중요한 요소이다.

권위주의 통치양식에서 평등주의적 요소를 찾아내는 것은 어렵지 않은 일이다. 정권이 바뀔 때마다 정기행사처럼 치러

---

3 자본가들은 약간 다르다. 이들에게는 특혜가 주어졌다. 다만 '국가가 명하는 경제적 실적을 올릴 경우에 한해서'라는 단서가 붙었다. 자본가들은 경제적 파트너였을 뿐, 정치권력을 공유할 파트너는 아니었다. 정치적 억압은 자본가에게도 공히 적용되었다.

지는 부정 축재자 처벌이 그렇고 비리 사범에 대한 일제 소탕
전 등이 그렇다. 부정 축재자에 대한 처벌은 국민이 애지중지
하는 평등주의적 열망을 만족시켜준다. 부정하게 돈을 번 사
람들 때문에 내가 빈곤해진 것은 아니지만, 적어도 그들에 대
한 처벌은 빈곤한 다수의 국민들에게는 위로가 되고 정권에게
는 결핍된 도덕성을 강화시킨다. 부정 축재란 '성공'과 '부도
덕'이 결합된 개념이다. 부정 축재자에 대한 반복되는 처벌에
의해 '성공'은 '부도덕과 비리'와 먼저 연결되고, 그들을 처벌
해야 한다는 규범적 판단이 의식 공간에서 각인된다. 성공한
자에 대한 공개적 처벌만큼 평등주의적 열망을 만족시켜주는
것은 없다. 그것은 마치 푸코가 《감시와 처벌》의 서장에서 정
교하게 묘사했던 것처럼, 문명화된 현대적 공간에서 공공연하
게 행해지는 공개 처형과도 같다.[4]

권위주의 통치자들이 어떤 용의주도한 기획하에 의도적으로
평등주의를 이렇게 활용하고자 했던 것은 아닐 터이다. 그것
은 한국 사회에 오랫동안 형성되어온 정신사적 전통과 맥이 닿
아 있고, 그렇기 때문에 의식적이든 무의식적이든 현대 국가의
통치자들은 그런 마음의 습관에 호소하고자 하는 경향이 나타
난다. 한국의 정신사(精神史)에서 평등주의는 사상을 형성하는
매우 중요한 인자이다. 조선 시대에 평등은 지배층이 추구해
야 할 정치적 이상으로 설정되었고, 개화기에는 구질서를 타파
하는 논리 체계로 발전하였으며, 식민 시대에는 사회주의적 이

---

4 미셸 푸코(1994), 《감시와 처벌》, 오생근 옮김, 나남.

데올로기의 중심적 요인이 되었다. 각각의 시대에 이념적 원형으로 상정된 평등 개념은 미묘하지만 뚜렷한 논리적 차이를 보인다. 조선 시대에는 왕권에 대한 귀족 권력의 강화, 평민에 대한 귀족들의 공평한 통치를 강조하는 데에 역점이 주어졌고, 개화기에는 신분질서의 타파와 '시민적 자유'의 원초적 이념이 강조되었다. 식민 시대에 태동한 사회주의 이념에는 민족 해방과 시민사회를 동시에 성취해주는 계급적 혁명의 이념적 기초로서 평등 개념이 추구되었다. 그러나 그 이념적 요소를 활성화할 담지 계층이 존재하지 않았거나 대단히 미약했다는 것이 공통점으로 나타난다.

특히 근대사에서 자유가 전제되지 않은 평등은 무의미하듯, 자유주의가 꽃피지 않았던 한국의 근대에서 평등은 왜곡된 형태로 발아하기에 이르렀다. 말하자면, 자유와 짝이 되지 않은 불균형적 의미의 평등 개념이 형성되고 확산되었던 것이다. '자유' 개념에 의해 견제되고 탁마되지 않은 '평등' 개념이 형성된 역사적 과정을 잠시 살펴보기로 하자.

02

자유주의 세력의 결층

한국의 정신사에는 평등에 대한 강한 열망이 있다. 도덕(道德)과 인의(仁義)를 정치의 중심 원리로 삼았던 정도전과 조광조의 토지 정책과 조세 정책은 백성의 경제 기반을 고려한 획기적인 개혁 정책이었는데, 백성들을 위한 위민사상(爲民思想)은 조선 시대를 관통하는 철학이기도 했다. 이런 사상적 전통은 정조 시대 정약용이 주장한 균전법(均田法)의 기초가 되었으며, 자유분방하기로 이름난 박지원의 실학사상으로 계승되었다. 박지원은 신분질서와 격식을 철저히 따지는 주자학적 통치 원리하에서도 오늘날의 자유와 평등 이념을 몸소 실천한 사상가로 명성을 날렸으며, 신분적 속박의 불합리성을 타파하기 위해 시비(侍婢)의 해방을 주장하기까지 했다.

근대적 의미의 자유주의 사상을 폭넓게 접하고 최초로 도입한 사람은 유길준이다. 유길준이 미국 유학에서 돌아와 집필한 《서유견문》은 자유, 평등, 박애를 통치 원리로 정착시킨 구미 각국의 풍습과 제도에 관한 상세한 묘사로 가득 차 있다. 그러면서 유길준은 조선의 근대화를 위해 자유주의와 평등 사상의 제도적 기초를 만드는 것이 절실함을 역설했던 것이다. 자유에 관한 인간의 천부적 권리를 논하는 부분은 마치 루소의 사회계약론을 방불케 한다.

> 자유와 통의(通義)의 권리는 천하에 살고 있는 모든 사람들이 다 같이 가지고 있으며, 다 같이 누리고 있다. 각 사람마다 제 한 몸에 가지고 있는 이러한 권리는 태어날 때부터 함께 생겨나 어디에도 얽매이지 않고 독립하는 정신으로 발전하여 무리한 속박을 받지 않고 불공평한 방애를 받지 않는다. … 자유를 보존하는 것이 참다운 통의의 효용이다.[5]

아마 미국 유학 시절 접했던 프랑스의 시민사회론을 조선의 상황에 대입시켜 나름대로 해석한 것이라고 생각된다. 그런데도 문제는 자유·평등 이념을 사회적·정치적으로 실천할 주도 계층이 유길준이 귀국했던 조선 후기에도 존재하지 않았다는 사실이다. 조선 시대에는 지배 계층인 선비와 학자들이 왕도정치와 도덕정치의 조건으로서 평등을 중요시했고 균전법과 같은 토지제도 개혁을 통해 평민들의 경제적 기반을 공고히 하는 것에 한하여 평등 이념을 대입시켰다. 그렇다고 신분제도의 완전한 철폐라든지 봉건제도의 전면 붕괴를 주창한 것은 아니었다. 백성들로 하여금 왕권을 숭앙케 하고 귀족의 지배에 대한 도덕적 정당성을 강화하는 방안으로서의 평등이었다. "정중부와 김보당의 난 이래로 고관이 천례(賤隷)에서 많이

---

5 유길준(2004), 《서유견문》, 허경진 옮김, 서해문집, p. 132. 여기서 통의(通義)란 직분과 직책, 권리와 의무가 명하는 바를 정의롭게 행사하는 것을 뜻한다. 유길준은 이를 '당연한 정리(正理)'로 규정하고 있다.

나왔으니 장상(將相)이 어찌 씨가 따로 있으랴. 때가 오면 누구나 할 수 있는 것이다"라고 외치며 신분제도의 타파를 주장했던 고려 시대 '만적의 난'과 서얼 차별이 없는 평민들의 세상 질서를 그렸던 허균의 경우에는 현대 사회에서 통용되는 평등 개념에 보다 가까운데, 그것은 어디까지나 혁명적 발상이었다. 허균의 《홍길동전》은 서얼 타파, 소작제 부정, 왕과 귀족 지배의 부정 등을 근간으로 한 사회질서를 이상사회로 설정하고 있으므로 조선 시대의 통치 구조를 거역하는 역모죄에 해당한다. 물론 허균이 궁정반란을 일으킨 죄로 참수되었지만, 《홍길동전》의 저자라는 사실만으로도 역적으로 몰릴 충분한 죄를 지은 것이다. 허균의 궁정반란에는 서자, 파계승, 그 밖의 부랑자들이 동원되었다. 말하자면, 평등 이념을 실천할 사회 세력은 소수의 비밀결사에 제한될 정도로 미미했다. 동학혁명의 경우에도 왕권을 중심으로 하는 봉건질서의 강화를 목표로 하였기 때문에 통치 계급과 피지배 계급 간의 평등은 상상조차 하지 못했다. 봉건 시대에 평등 이념을 실천할 유일한 계층이 었던 농민들이 신분제적 사고로부터 한 발짝도 나가지 못한 상태에서 평등 이념의 세력화는 기대할 수 없다.

  이런 사정은 식민지 시대에도 마찬가지였다. 식민 통치하에서 일제 주도의 산업화가 진전되자 주 계층이었던 농민의 제한적 분해가 일어나기는 했다. 농민의 임노동자화가 그것인데, 정치적 주권을 갖춘 자본주의 사회에서의 그것과는 사뭇 양상이 달랐다. 1945년까지 노동자는 전 인구의 5% 정도에 불과했다.[6] 그것도 일제의 식민 통치하에서 자발적 분해를 통해 노동자가 된 것은 아니고 생존 위기에 몰린 농촌 빈민층의 강제 동원에 의한 것이었다. 산업 현장으로 이동한 이들은 일제의 이원적 통치 구조로 편입되었다. 관리직, 사무직, 기술직은 주로 일본인이 장악하고 한국인은 단순 노무직을 담당하는 역할에 그쳤다. 이런 상태에서 노동권에의 관심을 배양한다든가 노동조합을 결성하는 등의 의식적 행위는 불가능했다. 그러므로 일본 유학생이 도입한 마르크스 혁명론 내지 사회주의 이념은 논설로만 그쳤지 그것을 실천할 노동자들의 계급적 형성은 이루어지지 않았다.

그것은 주로 지식인의 이념이었으며, 따라서 평등에 대한 열망도 지식인 담론, 문학과 예술에 반영되는 것으로 만족할 수밖에 없었다. 입헌군주제 내지 만민평등론이 조선 말기 개화파에 의해 주창되었지만 그것을 담지할 사회 세력을 찾지 못한 채 단지 논리적 형태로 무성했던 것과 유사하다. 1945년 해방 당시 한국 사회는 농민이 약 70%, 노동자 5%, 그 밖에 도시 부문의 자영업과 소수 전문직·관리직으로 구성되어 있었다. 평등 이념을 극단적으로 몰고 간 사람들은 대부분 한반도를 떠나 만주와 중국에서 사회주의운동을 펼치고 있었다. 임노동자의 분해가 진행되지 않은 농촌사회에서 평등 이념은 이른바 농촌 사회주의(agrarian socialism) 형태로 나타난다. 중국이 전형적 사례이다. 식민 시대 사회주의 독립운동 세력이 중국과 연대

6　1946년 당시 남한 인구는 약 1,940만 명 정도로 추산된다. 해방 전후 남한의 노동자는 약 100만 명 정도였고, 임금 노동자의 전형인 공업 노동자는 12만 2,000여 명이었다. 김태승(1987), "미군정기 노동운동과 전평의 운동노선," 박현채 외, 《해방전후사의 인식 3》, 한길사.

해 무장투쟁을 전개한 것은 이런 계급 구조와 일제 식민 통치라는 유사성 때문이다.

평등 이념이 농민과 결합하면 농촌사회주의가 되고, 노동자와 결합하면 마르크스사회주의가 된다. 농촌사회주의나 마르크스사회주의는 개인의 소유권을 인정하지 않고 생산 수단을 수요에 따라 균등 분배한다. 이때 평등은 소유권이 아닌 생산할 권리(또는 노동권)에 적용된다. 그러나 앞에서 지적하였듯이, 자유주의는 노동권에서 재산권을 연결시켜 자유 개념을 성립시킨 이후에 비로소 평등 개념을 출발시킨다. 다시 말해, 평등 이념이 자유주의의 한 축으로 편입되려면 재산권이 인정되어야 하고, 이를 획득한 시민 계층이 존재해야 한다. 그것도 시장이 확대되어 생산과 소비, 투자와 재투자가 활발하게 일어나는 경제질서를 배경으로 배태된 시민 계층이어야 한다. '시장은 자유의 전제 조건'이고 '시장은 자유를 생산'하기 때문이다.[7] 시민 계층과 결합한 평등 이념은 자유민주주의를 꽃피운다. 그것이 초기적 형태의 자유주의이다. 자유주의는 경제적 질서로서 시장, 시장에서 생산과 소비를 영위할 권리, 인간의 기본권으로서 재산권을 전제로 하는 이념이다. 이 세 가지의 기본권을 획득한 사람을 비로소 시민이라고 칭할 수 있는데, 시민이 행사하는 시민권(civil right)은 사회 성원이 됨으로써 부여받는 기본권에 해당한다.

시민사회론자 혹은 사회계약론자로 불리는 초기의 사회 사

---

7 Friedman, Milton(1971), *Market and Freedom*, Chicago : University of Chicago.

상가들은 자유(freedom)를 정의할 때 재산권(property right)으로부터 출발했다. 존 로크(John Locke)는 마르크스와 마찬가지로 인간은 자연에 노동을 투하해서 생산물 즉 생존 수단을 얻을 천부적 권리를 갖고 있다고 보았는데, 이것이 재산 개념으로 발전한다. 재산은 노동의 결과이자 자기 생존(self preservation)의 수단이라는 것이다. 이것은 어떠한 경우에라도 보호되어야 한다. 그렇게 해서 얻는 재산은 자신이 처분할 권리가 있고 또 시장을 통해 다른 사람과 교환할 수 있다. 이것을 보호하지 않으면 사회는 성립되지 않는다. 노동하는 권리와 재산의 처분 권리가 곧 자유이다. 그러므로 재산권이 없는 사람은 자유가 없는 사람이며 인간으로서의 자격을 박탈당하는 것과 같다.

노동-재산-자유로 이어지는 초기 시민사회론자들의 논리 체계에서 자유는 이미 불평등을 함축하고 있다. 많이 가진 자와 적게 가진 자가 분화되는 것이다. 시민사회론자들은 자유 개념을 이렇게 정립하자마자 발생하는 불평등 문제를 해결해야 할 과제에 부딪혔는데, 사회계약론은 이런 필요성에 의해 나타났다. 재산이 많은 자와 재산이 적은 자가 향유하는 자유의 양은 다르다. 재산이 많은 자는 시장에서 더 큰 영향력을 행사하고, 그 결과 재산이 적은 자의 자유를 해칠 위험이 발생한다. 불평등은 따라서 개인이 향유할 수 있는 자유의 양을 결정한다. 재산의 불균등 분배, 그리고 그것의 결과로서 권리 행사의 격차를 어떻게 해결할 것인가?

시민사회론자인 로크와 루소가 이 문제를 해결하는 데에 기대를 걸었던 두 개의 돌파구는 정부(government)와 도덕

(morality)이었다. 정부는 개별의지(individual will)를 한데 묶은 집단의지이며 그 자체 정치체(body politique)이다. 정치체는 개별 성원들이 갖고 있는 주체(sovereignty)를 위임받아 일반의지(general will)를 형성하고 그것을 바탕으로 규제 권력을 행사한다. '정부'라고 하는 초개인적 주권이 태어나는 것은 바로 이 개별적 주권의 위임 행위에 의해서이다. 위임은 사회 계약(social contract) 또는 사회 합의(social consensus)에 의한다. 이렇게 보면, 사회계약론은 개인적 주권을 규제할 수 있는 정당한 규제 권력이 어떻게 가능한가에 대한 이론적 해답이다. 불평등 문제의 해결을 위해 사회계약론은 정부 또는 도덕적 정치체의 규제와 개입을 정당화한다. 이로부터 사회 이론의 딜레마가 다시 시작된다. 첫째, 규제 권력을 행사하는 정부는 태어날 때부터 도덕적일 것을 전제로 하는데, 현실 정치에서 정부는 항상 도덕적인가 하는 문제와, 그리고 둘째, 개별 주권을 위임받은 정부는 개인의 자유를 어느 정도 규제하고 불평등 해결에 어느 정도 개입할 것인가의 문제가 그것이다. 이 두 가지는 결코 간단치 않은 질문이어서 이후의 사회 사상은 이 두 쟁점을 둘러싸고 전개된 논쟁의 궤적이라고 해도 과언이 아니다.

이 장에서의 초점은 노동-재산-자유의 논리로 무장하고 시장을 배경으로 형성된 현실적 사회 계급이 한국 사회에서 1945년 해방 전후에 어느 정도 존재하였는가의 문제다. 다시 말해, 조선 시대 이후 평등에 대한 정신사적 긴장과 열망을 자유주의와 결합해줄 사회 세력이 어느 정도 존재하였는가 하는 문제는 그것을 주창했던 지식인들의 존재 여부와는 별도로 중대한 질문이다. 앞에서 보았듯이, 일제 식민 통치하에서 그런 의식을 담지할 시민 계층은 꽃피지 못했고, 작은 규모의 도시민 중 소수에 불과했다. 그리하여 조선 시대 이래 오랫동안 지속된 평등에의 열망은 그것을 옹호해줄 적합한 사회 세력, 즉 시민 계층을 찾지 못한 채 농촌사회주의 내지 마르크스사회주의 세력과 결합하기에 이르렀다. 이런 상황에서 한국전쟁의 발발은 경제적 기반을 만들어가고자 했던 시민 계층의 열악한 환경을 여지없이 파괴했다.

03

제 조건의 평등 : 한국전쟁

1948년 대한민국의 건국과 함께 한국은 국가 건설이라는 절체절명의 과제에 부딪혔다. 그것도 봉건국가가 무너지고 식민 통치가 종식된 빈 공간에 현대 국가를 건설해야 하는 매우 어려운 과제였다. 누구도 경험해보지 못한 국가 건설에는 어떤 뚜렷한 청사진이 있었던 것도 아니었다. 미국, 일본, 영국, 프랑스의 제도들이 광범위하게 탐색되었지만 한국민에게 익숙한 것은 일본의 근대국가 형태였다. 삼권분립의 정치제도가 만들어지고, 관료제가 도입되었다. 치안기구, 군대, 은행과 우체국, 학교, 병원이 설립되었다. 시민권을 보장할 국가기구들은 빠른 속도로 현대화되었는데, 시민 계급의 형성은 아직도 초기적 상태에 머물러 있었다. 왜냐하면 산업이 발달하지 않았고 시장질서가 아직 전통적 단계를 벗어나지 못했기 때문이다. 국가기구에 봉사하는 공무원, 약간의 전문직과 기술직, 전통적 자영업자 등 시민적 정신을 배양할 수 있는 부류가 존재하기는 했었지만, 여전히 농업사회의 틀을 벗어나지 못했던 당시로서는 '시민사회'를 말할 수 있는 조건이 매우 열악했다.

이런 상태에서 이승만 정권이 최초로 시행했던 경제적 개혁안은 토지개혁이었다. 1949년 제헌의회의 발의로 시작된 토지

개혁은 사실상 계급의 전면적 재편을 의미하는 것이었다. 소작농을 없애고 소수의 지주와 대규모의 자작농을 양성한다는 계획하에 북한과는 달리 '유상몰수 유상분배' 안이 채택되어 추진 단계에 들어갔다. 자작농은 재산권을 행사할 수 있는 시민 계층의 전단계적 존재이므로, 토지개혁은 산업화와 더불어 광범위한 시민 계층을 만들겠다는 정책적 목적을 갖고 있었다. 그러나 1950년 5월 결성된 토지개혁위원회가 활동을 개시할 즈음, 6월 25일 발발한 한국전쟁에 의해 중단되고 말았다.

한국전쟁은 남한이 그나마 소유하고 있었던 모든 것을 여지없이 파괴했다. 사상자 100만 명에 재산 피해가 당시 국민총생산의 수십 배에 달했다. 서울을 위시한 대부분의 주요 도시는 파괴되었고, 산업시설은 물론 가옥과 토지의 피해도 엄청났다. 산업 기반의 파괴는 농촌 분해의 속도를 늦추고 노동자와 시민 계급의 형성을 방해하는 결과를 가져왔다. 1953년 7월 휴전협정이 맺어질 당시 도시에는 변변한 직장이 남아 있지 않았고 대부분의 도시민들을 실직 상태로 몰고 갔다. 파괴된 자리에 우선 국가기구를 재건해야 했으므로 관료, 군대, 경찰이 가장 안정적인 일자리였을 것이다. 한국전쟁은 그나마 시민사회가 성장할 수 있는 물질적 기반을 초토화함으로써 시민 계급의 성장을 막았던 것이다.

전쟁을 겪은 국가는 안보를 명분으로 비대해지기 마련이다. 특히 내전을 겪은 상황에서 한국의 국가기구는 초기적 상태에 머물러 있었던 시민사회에 비해 비교할 수 없을 정도로 비대해졌다. 국가 공무원 20만 명, 군대 60만 명, 경찰과 치안기구 약

20~30만 명 해서 약 110만 명에 달하는 공공 부문이 만들어졌다. 인구의 약 70%는 여전히 농민이고, 도시 자영업자, 약간의 민간 기업인, 그리고 공공 부문 종사자가 나머지를 형성했다.

전쟁으로 중단된 토지개혁은 전쟁의 와중에서 재개되었지만 농촌의 계급 관계를 근본적으로 수정하는 데에는 별로 효과를 발휘하지 못했다. 더욱이 토지개혁 이전에 이미 토지를 몰수당할지 모른다는 두려움 때문에 많은 지주들이 소유권을 위장 이전하거나 소작인들에게 팔아넘긴 상태였으므로 자작농 육성이라는 토지개혁의 원래의 효과는 미미했고, 전근대적인 소작제도 온전하게 살아남았다. 따라서 농촌의 소유 관계와 계급 관계는 토지개혁을 통해서도 별로 달라진 바가 없었다. 다만 지주의 대토지 소유가 대거 줄고 자작농이 다소 늘어났을 뿐이다. 증가한 자작농이 바로 1960년대 촉발된 산업혁명과 함께 중산층으로 분화될 주요 자원이었지만, '자유의 담지자'로서의 시민 계급을 기대하기란 매우 어려웠다.

한국전쟁에 의한 모든 시설의 파괴, 재산의 파괴는 토크빌이 말하는 '제 조건의 평등(equality of all conditions)'이 '부정적 방식'으로 이뤄졌음을 의미한다. 토크빌은 자유민주주의의 전제로서 제 조건의 평등을 중시했다. 자신의 조국인 프랑스와 비교할 때 미국은 이미 민주주의를 꽃피울 여러 가지 조건들이 이미 정착되어 있다고 보았다. 그것은 자원, 기회, 신분의 평등이었는데, 계획과 노력에 의해 정착되었다기보다 역사적으로 우연히 주어진 것이라고 해야 옳을 것이다. 미국은 신분제의 속박을 받지 않고(봉건사회의 결층), 여러 인종 집단이 공존하며, 각 인종 집단은 동일하게 인간의 기본권을 부여받았다고 간주되고, 재산 축적을 향한 경쟁에서 출발 상황은 동일했다. 다시 말해, 누가 누구를 지배하는 상황이 아닌 자유로운 상태에서 재산권을 부여받은 개별적 인간들의 자율 경쟁이 이뤄지는 것, 이것이야말로 제 조건의 평등이다. 여기에 제 조건의 평등을 지속, 유지시키는 민주주의의 기본 요소가 만들어졌다. 다름아닌 지방자치제도(local autonomy)이다.

이 점에서 토크빌의 관찰은 날카롭다. 토크빌은 유럽과 미국민의 특성을 비교하면서 이렇게 설파한다.

어떤 위급한 문제가 발생하면 프랑스인들은 국가에 호소하는 반면, 영국인은 자치구의 영주에게 가서 해결을 호소한다. 그러나 미국인은 그 문제를 해결할 자발적 결사체를 조직한다.

주민들의 문제 해결을 위해 자발적 결사체를 만들고 스스로 해결책을 모색하는 일이야말로 지방자치제의 출발이다. 토크빌은 미국인의 이런 특성이 관료제의 성격을 다르게 만드는 원인이라고 지적한다. 프랑스와 영국의 관료는 국가가 선발해서 지방으로 내려보내지만, 미국은 자치 단위인 타운에서 선발해서 국가에 파견한다. 프랑스와 영국의 관료는 국가로부터 봉급을 받는 사람들이지만, 미국의 관료는 자치 단위인 마을에서 국가에 빌려준다는 개념이다. 결국 관료의 봉급이 조세로부터 나온다는 점에서는 유사하지만, 미국 관료의 봉급은 '마을 사람들이 지불한다'는 차이가 있다. 이런 차이는 미국 사회에 역사적으로 주어진 '제 조건의 평등' 을 지키는 데에 매우 중대한 결과를 가져온다.

자유를 향유하는 개인들이 서로의 자유를 존중하고, 이해 충돌이 빚어질 때에는 자치행정제도를 통해 그것을 해결한다. 이 경우, 로크와 루소가 지적하듯 개별 성원이 계약을 통해 주권을 위임한 정부가 바로 자치행정제도인데, 그것을 운영하는 사람은 바로 주민의 합의하에 파견된 주민 대표(행정관)이다. 그는 국가와 정부에 위임된 권한을 행사하지만, 그 권한은 주민들로부터 나온다는 사실을 너무나 잘 알고 있다. 주민은 자신들이 파견한 자치행정관을 통해 정부를 감시하고, 정부는 이들을 통해 자유의 충돌을 해결한다. 이 순환 과정을 통해 미국이 천부적으로 선사받은 '제 조건의 평등' 을 지켜나간다는 것이다. 이것이 다른 국가에서는 볼 수 없는 '미국의 민주주의' 이다. 자유와 재산권을 소유한 개인은 타인의 같은 권리를 인정할 의무가 있다는 것, 그것을 서로 인정하는 전제하에서 권리 준수와 이해 충돌을 관리할 사람을 국가에 파견하는 것이 민주주의의 운영 원리이다.

자유가 이런 순환 과정을 통해 지켜지는 한 불평등의 문제는 의외로 단순하다. '제 조건의 평등' 이 지켜진다면, 그것에 의해 초래되는 불평등은 정당하다. 즉 모든 조건이 같을 때 사후로 만들어지는 불평등은 개별적 책임이다. 물론 토크빌은 부의 축적을 위한 상업 계층의 기능과 산업 계층의 역할에 대하여 논의하면서, 상품 유통 및 투자와 재투자가 자유의 확대를 촉진하기도 하지만 이들에 의한 부의 독점이 타인의 질투와 욕망의 대상이 될 수도 있음을 지적한다.[8] 즉 불평등에 대한 사회적 관심이 촉발되었을 경우 국가의 개입은 제한적 범위에서 이뤄질 수 있음을 인정하고 있다. 그러나 토크빌의 관심은 '제 조건의 평등'이 민주주의의 출발점이라는 점과 자유를 향유한 개별적 인간의 권리가 배태한 각종 제도를 관찰하는 데에 놓여 있었다. 그런 조건을 전제로 한다면, 사후적인 불평등은 어느 정도 용인된다. 토크빌에게 '제 조건의 평등'이란 '기회의 평등'이지 '결과의 평등'은 아니다.

이 글에서의 초점은 한국전쟁이 토크빌이 말하는 '제 조건의 평등'을 초래했다는 사실이다. 그것도 '부정적 방식'으로 말이다. 소유하고 있었던 재산과 전통, 제도 등이 온전하면서 '제 조건의 평등'으로 전환하는 것을 '긍정적 방식'이라 한다면, '부정적'이란 그나마 존재했던 재산, 계급 및 신분 관계, 관습, 제도적 유산 등이 모두 파괴되어 아무것도 갖추지 못한 상태로 회귀하는 것, 그리하여 이른바 '영의 상태(zero situation)'에서 다시 출발했어야 했다는 것을 지칭한다. 해방 이후에도 관습적으로 남아 있던 신분제적 의식과 관행이 한국전쟁을 통해 거의 소멸되었다. 지주에 대한 관습적 존대 행위는 없어졌고, 소작인과 하인에 대한 하대도 사라졌다. 풍전등화와 같은 위기 앞에서 국가를 지켜내야 한다는 의식이 지주, 자작농, 소작인, 하인을 막론한 모든 사람을 대한민국이라는 현대 국가의 일원으로 편입시켰다. 지주도 자작농도 모두 재산을 상실하고

---

8 토크빌은 상공업 계층을 산업가(industrialists) 내지 산업 계층(industrial class)으로 불렀다.

일자리를 찾아나서야 하는 상황은 재산과 신분에 의한 너와 나의 구분을 없애주었다. 재산을 획득하면 인간다운 삶을 꾸릴 수 있다는 의식, 천대받는 신분에서 탈출할 수 있다는 희망도 존재했을 것이다. 한국전쟁에 관한 주목받는 연구서는 이런 측면을 다음과 같이 지적한다.

> 전쟁을 거치면서 전통 한국의 구체제 지배 계층은 물적 토대를 상실하였다. 한국전쟁은 사회 세력 관계의 균등화를 가져오면서 한국 사회에 존재했던 전래의 양반–상인의 반상 구조를 해체한 계기였다. … 공산주의 사회라는 신분질서 역전과 세계적 전쟁의 최초 경험, 현대식 총포 앞에서의 차별 없는 죽음의 목도 등은 평등주의를 확산시키면서 새로운 사회에 대한 눈뜸으로 연결되었던 것이다. 도시와 농촌, 지역과 지역, 남한과 북한 사이의 격렬한 인구 이동과 사회적 유동성의 증가 역시 전통적 한국 사회의 소규모 공동체적 의식을 파괴시켰다. 대면 사회 내에서 유지되던 인간관계는 더 넓은 공동체의 단위로 확대되며 좁은 범위 안에서의 위계적 인간관계를 해체시켰다. 전쟁은 평등 의식과 근대 대중사회의 도래에 한 뚜렷한 전환점을 이루었던 것이다.[9]

모든 것이 파괴된 상황에서 재산은 신분 탈출의 수단이자 자유를 획득하는 창구가 되었다. 유럽에서는 재산과 자유가 유산 계급인 부르주아 계급에서 '현실적으로' 결합했지만, 전쟁

---

9 박명림(2002), 《한국 1950 전쟁과 평화》, 나남, p. 34.

후 폐허가 된 한국에서는 아무것도 갖지 못한 평범한 사람들에게 '추상적으로' 결합했다. 아무것도 갖지 못한 상태, 다만 노동력과 의지와 약간의 학식만을 가진 상태에서 추상적으로 재산과 자유가 결합했다는 것은 이후 산업화 시기에 이들 간의 치열한 경쟁을 예고한다. 그것도 자신과 가족의 성공을 위해 도덕과 공동체적 이익을 고려한 경험이 없는 천박한 경쟁을 말이다. 말하자면, 한국전쟁은 아무것도 없는 상태의 평등한 공간을 만들어낸 것이다. 재산을 향한 무한질주의 욕구는 이렇게 한국전쟁이 만들어낸 제 조건의 평등으로부터 출발한다. 그러나 그것은 타인의 권리를 인정하고 타인의 능력과 노력을 인정하는 자율적 도덕으로 무장한 자유주의, 시장과 재산권을 보장하는 단단한 제도와 행동양식으로 뒷받침된 자유주의와는 거리가 먼 것이었다. 그 결과는 '교양 없는 중산층'의 탄생이다.

교양 없는 중산층의 형성

1961년 산업화가 시작되면서 '교양 없는 중산층'이 탄생했던 것은 그런 배경에서이다. 한국적 맥락에서 중산층이란 유럽 근대사에서 시민 계급에 해당한다. 그러나 유럽의 시민 계급과는 달리 자유주의 이념을 형성한 주체도 아니었고, 자유주의의 수호를 위해 노동 계급과 투쟁한 경험도 갖고 있지 않았다. 재산 축적 과정에서 도덕과 공익에의 긴장을 느껴본 적도 없고, 그것이 공동체적 질서에 무엇을 의미하는지, 자유주의를 풍요롭게 만드는 데에 어떤 기능을 갖는지를 고민해볼 기회조차 없었다. 시장과 재산 축적의 윤리가 결여된 '추상적 자유주의'가 확산된 결과였다. 다만 재산 축적을 향해 모든 노력을 쏟는 것, 그리하여 타인과의 경쟁에서 승리하는 것이 중산층이 되고자 하는 사람들의 목표가 되었다.

여기에 추상적 자유주의를 한 번 더 굴절시킨 계기가 권위주의 정권의 탄생이었다. 권위주의 정권은 재산에 기초한 기본권인 자유를 서서히 거둬가고 있었으므로 시민 계층이 되고자 했던 중산층에게 남은 것은 '재산과 자유'의 결합이 아니라 '재산과 평등'의 결합이었다. 평등주의는 권위주의 정권이 즐겨 활용했던 통치 이념이었으므로, 어떤 정치적 위험 없이도 중산층의 생활양식으로 자연스럽게 수용되었다. 누구에게나 가능하게 보였던 재산 축적이 누구에게나 가능한 것이 아님이 드러날 때 그 불만은 '억제된 자유'가 아니라 '무한한 평등 심성'으로 폭발된다. 평등주의는 좌절된 성공에 대한 불만이 폭발되는 통로였다. 그리하여 타인이 재산 축적에 성공하면 나도 성공해야 한다는 대결 의식이 만들어지고, 그것이 여의치 않게 되면 평등 이념에 호소하는 매우 묘한 마음에의 습관이 형성된 것이다. 그것은 일종의 사회주의적 심성과도 친화력을 갖는다. 노력, 의지, 능력과는 상관없이 모든 사람이 성공해야 한다는 규범적 성격의 평등주의가 자유주의의 이름으로 수용되었던 것이다. 1980년대와 1990년대에 맹위를 떨친 사회주의적 혁명론이 자라날 이념적 토대가 이렇게 만들어졌다. 예를 들면 투기가 비도덕적 행위라는 것을 알면서도 성공 사례가 알려지면 시기심이 촉발되어 중산층의 일상적 관행으로 확대되는 것, 친척 중에 고위 공직자가 있으면 그와의 연고를 활용해서 출세를 모색하는 행위 등이 그런 사례이다.

군부에 의해 개막된 산업화는 자유주의의 이념적 기반과 물질적 기초가 없는 중산층을 빠른 속도로 만들어내는 결과를 가져왔고, 그에 따라 재산 축적을 향한 무한 경쟁은 '재산과 평등'의 결합을 강화하여 질투, 시기심, 비합법적 경쟁, 투기, 부정부패를 불사하는 파행을 광범위하게 확산시켰다. 이것이 한국에서 교양에 의해 절제되지 않은 중산층이 배태된 과정이다.

자유주의는 '교양 있는 중산층'을 창출한다. 유럽 근대사에서 교양(Bildungs)이란 품위, 절제, 윤리, 도덕, 양심 등 국가와 사회제도의 내면을 구성하는 기본적 가치 덕목을 지칭하는데, 제도와 교양의 관계는 법이 건전한 상식과 맺는 관계와 동일하다. 그것은 제도를 만들어내는 기본적 윤리 의식이자 법과 규제 질서를 창출하는 도덕적 정서에 해당한다. 유럽적 맥락에서 '교양'은 다음과 같은 세 가지 의미를 갖는다.

첫째, 인간의 성장과 관련된 인격 형성과 정체성의 문제를 존재론적 관점에서 조망하는 것, 그것은 실존주의의 핵심적 질문이기도 하고 인문주의적 본질 탐구이기도 하다. 헤르만 헤세(Hermann Hesse)의 성장소설인 《향수》와 《나르치스와 골트문트》, 토마스 만(Thomas Mann)의 소설 《마의 산》 등이 바로 이런 덕목과 긴장감을 조명하는 작품들이다.

둘째, 인간관계의 사회적 측면에 관한 모색과 조망이다. 가족 관계에서 부모의 위치와 의미, 형제와 남매·자매의 관계, 그리고 친척들과의 다양한 관계를 해부하고 인간적·사회적 의미를 규명하는 것, 그것은 곧 가족 관계가 확대된 시민사회를 조망하는 시선이기도 하다. 또한 사랑은 존재와 관계를 완성하는 가장 중대한 생애사로서 자아의 발견이자 타인에 대한 배려의 창구로서 의미를 갖는다. 사랑은 교양소설의 중요한 테제이다. 카프카(Kafka)의 《성》은 첫째와 둘째가 혼합된 형태의 소설이며, 투르게네프(Turgenev)의 《아버지와 아들》과 《첫사랑》 역시 이런 쟁점을 형상화한다.

셋째, 가장 중요한 것으로서 시민 윤리(civic moral)에 관한 모색이다. 시민 윤리는 시민사회의 일원으로서 갖춰야 할 가장 중요한 덕목인데, 도덕(morality)은 개별 인간이 자신의 자유와 권리를 행사하기 이전에 생각해야 할 전제이다. 왜냐하면 도덕 없이는 시민사회가 존재하지 않기 때문이다. 루소와 사회계약론자들은 도덕 없는 자유는 상상할 수 없으며, 도덕이야말로 시민사회를 유지하는 가장 중요한 덕목임을 강조했다. 그리하여 자신의 욕망에 빠질 수 있는 인간의 한계를 보완하기 위해 도덕 교육(moral education)을 강조했다. 앞에서 지적한 시민사회론의 딜레마, 즉 개별 인간의 권력을 위임받은 정치권력체인 국가는 그 자체 도덕적이지 않으면 안 된다는 전제를 루소는 인간의 도덕성으로 해결하고자 했던 것이다. 도덕 교육을 통해 시민 윤리를 함양한 도덕적 인간이 되는 것, 그리하여 사익(특수의지)을 자제하고 공익(일반의지)을 중시하는 태도가 정치체를 도덕적 실체로 만든다고 강조했다. 이는 시장과 자유주의가 원활하게 작동하기 위한 애덤 스미스의 전제인 '도덕적 정서'와도 일맥상통한다.

이런 덕목을 갖춘 계급이 바로 부르주아 계급(bourgeoisie)이다. 부르주아 계급은 자본가 계급이기도 하지만, 유럽 근대사에서 중산층에 해당하는 상공업층이다. 이들은 노동 계급과는 구별되는 생활양식과 사고양식을 배양했다. 이른바 교양 계급을 타계급과 구별할 수 있는 계급 특유의 양식을 개발하는 것이다. 예를 들면 부르주아들은 언어, 예절, 의상에서 노동 계급과 구별된다. 이들의 주택도 개인의 권리를 존중하도록 공간이 구획되어 있다. 손님이 오면 거실에서 자녀들이 악기를 연주하거나 노래를 불러 손님에게 예우를 차린다. 부르주아적 생활양식인 것이다. 이런 삶의 스타일은 시민사회에 대한 윤리로 발전한다. 타인의 권리를 존중하는 법치주의, 기회의 평등을 통한 자유의 확대, 삼권분립과 민주적 선거제도를 통한 정치권력의 창출 등이 그것이다. 물론 노동 계급의 관점에서 보면 그것은 '부르주아적 지배'로 규정되겠지만, 시민 윤리가 자유민주주의의 기초였다는 사실, 그 배경에는 자유와 평등 이념을 실천하는 중산층이 존재했다는 사실을 인식하는 것이 중요하다. 자유주의의 물질적 기반과 제도적 기초들은 19세기 후반부터 지금까지 자본주의 사회에서 여러 다양한 정치 체제를 관철하는 핵심 원리로 자리 잡았다.

　문제는 바로 이 점이다. 자유주의의 실천 계급으로서의 부르주아적 경험이 결핍된 한국의 중산층은 중산층의 가장 중요한 덕목인 '교양'을 배양하고 내면화할 겨를도 없이 산업화의 공간에 던져졌다. 1961년 산업화가 시작될 당시 중산층으로 분류될 만한 집단은 고작해야 인구의 20%에 지나지 않았다. 이들은 전통 한국에서 어느 정도 학식과 교양을 겸비한 부류라고 해도 과언이 아니지만, 일제 식민지 통치를 통해 간접적·피동적으로 지내온 경험 때문에 시민사회를 일궈내는 데에 가장 적극적 역할을 해왔던 유럽의 교양층과 거리가 멀었다. 이들은 교양을 우선 배양하기보다 출세와 성공을 위해 전문 기술과 생존 수단을 먼저 습득해야 했다. 대중교육이 확대되었지만, 그것은 경제 성장을 향한 동원 체제에서 국가의 기본 이념을 전파하는 기능이 오히려 승했다. 여기에 그나마 허용되던 자유가 1970년대에 들면서 전면 억압되자 자유가 억제된 중산층, 그리고 성장 전략의 동원 대상으로서의 중산층에게는 계층 상승 욕구와 평등 이념이 무성하게 번성했다. 강성 권위주의 정권에서 자유는 불온한 사상이었다. 1970년대와 1980년대 중산층이 갈구한 자유는 권위주의적 압제로부터의 '탈출'에 역점이 주어진 것이었지, 재산권의 합리적 행사, 정당한 재산 축적 방식, 공익 함양 등 교양과 관련된 덕목이 강조된 것은 아니었다. 자유가 억압된 만큼 평등에의 갈망은 비대칭적으로 커졌다. 성장 전략이 성공을 거두면서 중산층의 경제적 기반이 점차 단단해지자 재산 축적에 관한 중산층의 욕망은 더욱 확대되었다.

여기에 권위주의 정권이 추진했던 성장 전략의 최대 수혜 계층이 중산층이라는 사실에 주목을 요한다. 중산층은 거듭되는 고도성장에 의해 관료, 전문직, 기술직, 관리직으로 빠르게 분화되었다. 권위주의 정권은 바로 이들에게 주택 소유를 비롯하여 생활 기반의 풍요함을 보장해주는 다양한 정책을 광범위하게 펼쳐나갔다. 국가 복지의 주요 대상도 이들이었고, 기업 복지의 주요 혜택자도 이들이었다. 생산직은 이러한 공적 혜택으로부터 거의 배제되었는데, 이것이 1987년 노동자 대투쟁을 통해 노동자들의 한풀이로 폭발되기에 이르렀다. 그리하여 1987년 민주화 과정은 재산 축적을 향해 무한질주를 해온 '교양 없는 중산층'과 '결과의 평등'을 앞세운 노동 계급 간 전면 대결로 촉발되기에 이르렀다. 민주화 과정이 재분배 문제를 둘러싸고 각 집단과 계급의 이해 충돌과 갈등으로 점철된 이유이다.

5

민주화와 공정성 투쟁

01

'응분의 몫'과 권리투쟁

1987년의 정치적 개방과 이후의 민주화는 어느 날 그냥 찾아온 것이 아니다. 1980년대 초반 이후 급성장한 중산층과 의식화된 노동 계급은 권위주의 정권의 억압적 질서가 더 이상 생활 세계의 운영 원리로서 적합하지 않다는 사실을 인식하고 있었고, 그에 따라 사회 집단들은 새로운 질서를 요구해왔던 것이다. 이 새로운 질서가 무엇인지는 주요 계급마다 다른 생각을 갖고 있었을 터이지만, '자유'가 우선 중요하다는 점에는 암묵적 합의가 이뤄졌고, 정치권도 국민들의 이런 열망에 부응하지 않을 수 없었다. 민주화는 그렇게 '자유를 도입하는 일'로부터 시작되었다.

자유를 도입하는 일은 두 가지 동시적 과정이다. '권위주의의 억압적 질서를 폐기하는 일'과 '새로운 제도를 만들어 자유를 확대하는 일'이 그것이다. 국민들은 무엇이 억압적인지에 대해 비교적 잘 알고 있었으므로 그것을 폐기하는 일은 대체로 순조롭게 진행되었다. 정부의 행정기관, 감찰기관, 사정기관이 행사하던 개입 권력을 축소하거나 완전히 폐지하는 작업, 폐쇄된 정치권력을 개방하는 작업, 권력 집단의 일방적 명령 기제를 없애는 작업 등이 여기에 포함된다. 어떤 나라이든지 민주화는 우선 권력기구의 개방과 권한 축소로부터 추진되기 마련이다. 다만 억압 기제의 축소와 폐기 과정에서 구지배 집단의 저항이 있을 수 있는데, 저항이 강할수록 민주화는 지체된다. 한국도 권력기구의 개방과 권한 축소로부터 민주화를 시작했는데, 구지배 집단의 저항이 소극적이었다는 점에서 민주화 과정이 다른 국가에 비해 비교적 빨랐다고 볼 수 있다.

문제는 두 번째 것이다. 억압기구가 폐기되거나 축소된 공간에 어떤 제도를 도입할 것인가의 문제, 또는 도입하려는 규제가 자유의 확산을 가져올 것인가, 그 자유는 기득권 집단에 유리한 것인가 아니면 배제된 집단들에게도 이익을 가져올 것인가의 문제가 새로운 쟁점으로 부상하는 것이다. 바로 이 질문 속에 민주화 과정에서 우리가 겪었던 수많은 갈등과 이해 충돌이 숨어 있고, 그런 만큼 '어떤 자유인가(which freedom?)'를 가늠할 수 있는 합의가 존재하지 않았다고 볼 수 있다. 오히려 그동안 발생했던 크고 작은 갈등과 충돌은 지난 20년 동안의 민주화가 '자유의 개념'을 확립하는 과정이었음을, 그러나 대부분의 사회 집단이 만족하지는 않더라도 최소한 불만을 표명하지 않는 '자유의 개념'이 아직은 확립되지 않았음을 뜻한다.

무엇이 자유인가에 대한 합의 개념이 정립되지 않은 초기 단계에서 자유가 '응분의 몫'을 찾는 권리 개념으로 다가왔다는 것은 놀라운 일이 아니다. '응분의 몫'이란, 정치적으로는 권위주의 정권이 거두어갔던 잃어버린 자유, 의당히 행사했어야 하는 시민적 자유를 뜻하고, 경제적으로는 성장에 기여한 응분의 대가, 그러나 지배 집단이 허용하지 않은 탓에 받지 못한 혜택을 의미한다. 다시 말해, 억압이 없었다면 누렸을 자유와 여러 가지 공적·사적 혜택을 민주화 과정으로부터 얻어내려는 욕망이다. 자유는 응분의 몫을 '누군가' 가 지불할 것을 요구하는 권리이자 증거였다. 그것은 권리에 대한 확신이자 주장(voice)이었다. 지배 계급을 제외한 모든 집단과 계층이 이런 주장의 대열에 합류했다. 중산층은 중산층대로, 노동 계급과 농민은 그들대로 이 '응분의 몫' 을 찾는 여행에 합류했다.

그런데 누가 잃어버린 몫을 지불할 것인가? 국가와 사회가 보상의 주체로 지목되기는 했지만, 집단과 계급에 따라서 지목하는 대상이 각각 달라지기도 했다. 누가 누구에게 보상의 책임이 있고, 누가 누구에게 잃어버린 몫을 받을 권리가 있는가의 문제는 그리 쉽게 해결되지 않는다. 그런 만큼 응분의 몫과 관련된 주장들은 이른바 '권리투쟁' 을 촉발했다. 민주화가 권리투쟁과 시위, 담론의 각축, 그리고 급기야는 계급·계층·집단 간 치열한 이해 충돌로 발전한 것은 이런 까닭이다.

1987년 정치적 개방이 이뤄진 이후 몇 년 동안 노동운동을 필두로 민중운동과 시민운동, 각종 단체의 시위 등 다양한 사회운동이 폭발했음은 익히 알고 있는 터이다. 사회운동은 사회정의 실현을 앞세워 민주주의 건설에 기여한다는 근사한 명분에 기초하고 있었고, 그것 또한 부정할 수 없는 사실이었다. 그런 명분 뒤에는 운동의 주체들이 '잃어버린 응분의 몫' 을 보상받으려는 공통의 목적이 숨겨져 있었다. 노동운동이 대표적이다. 노동자들은 오랫동안 지속된 억압정치 때문에 고도성장의 결실로부터 배제되었다고 믿었고, 그것을 입증할 객관적 증거도 풍부했다.

노동자들은 우선 한풀이로부터 시작했다. 이른바 '울산 태풍'으로 불리는 1987년 노동자 대투쟁에 전국 3,300여 개의 사업장이 가담했고, 연인원 300만 명의 노동자들이 거리로 뛰쳐나왔다. 4개월 동안 들불처럼 번졌던 투쟁에서 노동자들이 요구한 것은 놀랍게도 '인간다운 삶의 쟁취'였다. 사업장의 중장비를 몰고 나와 도심을 거침없이 돌아다니고, 기업 대표를 포클레인 스콥에 얹혀 들어올리면서, 또 기업의 고위 임직원들에게 반성문을 쓰라고 호통을 치면서 노동자들은 억압으로 얼룩졌던 마음의 한을 달랬다. 잃어버렸던 '인간다운 삶'을 그런 방식으로 회복했던 노동자들이 주목한 다음의 요구 사항은 임금 인상이었다. 잃어버린 임금을 보상받고자 했던 것이다. '품격의 격차'와 임금 격차를 줄이라는 요구, 즉 평등 열망은 민주주의가 선사해준 자유의 자연스런 소치였다. 자유는 그렇게 평등에 대한 요구를 촉발했고, 평등은 억압이 제거된 상태에 도입된 자유의 구체적 요구였다.

노동운동이 품격의 회복과 임금 인상, 후에는 세력화를 통해 지배층과의 세력 균형을 평등 열망의 초점으로 설정했다면, 시민운동은 축소된 시민권의 정상화와 확대에 역점을 두었다. 취업시장에서 남녀차별 금지, 정치 참여와 권력 견제, 취약 계층에 대한 공적 지원, 불합리한 규제 권력의 폐기 등이 시민권의 정상화에 기여한 조치들이라면, 국가기관과 감찰기관, 군대와 경찰에 대한 개인적 권리의 신장, 공익에 어긋나는 민간 기업의 불법 행위에 대한 시민적 감시, 복지제도의 확충 등은 시민권의 확대 조치에 해당한다. 시민운동의 이러한 목표는 국가와 시민 간, 시민과 조직 간 불균형적 세력 관계 내지 세력 격차를 수정하려는 것이기에 평등을 향한 열망을 집약한 것이라고 해도 과언이 아니다.

앞에서 우리는 권위주의적 정치가 자유를 억압한 대신 평등 열망은 관대하게 허용하거나 전략적으로 촉진했다는 점을 지적했다. 그런데 민주화 공간에서 권리 의식을 앞세운 자유 개념이 도입되자마자 그것은 기존의 높은 평등 열망과 급속히 결합해 자유–권리–평등으로 구성된 매우 복합적인 이념을 생성했다. 자유는 권리를, 권리는 평등을 촉진하는 복잡한 연계 고리가 만들어진 것이다.

자유주의에서 자유와 평등은 상호 보완적 개념쌍이면서 상호 견제적 관계를 갖는다. 자유가 무한정 팽창하면 평등이 축소되고, 평등이 강조되면 자유가 제한된다. 그런 까닭에 자유주의는 자유에 대한 적정 규제를 통해 평등을 구현하고자 하고, 적정한 평등을 통해 자유를 옹호하고자 한다. 어느 정도가 적정선인가는 정치 체제의 성격에 따라 달라진다. 따라서 정해진 바가 없다. 민주화 과정은 '어떤 민주주의인가(which democracy?)'를 둘러싼 사회 집단 간 세력 갈등이며 합의에 이르는 과정이다. 민주주의의 유형을 결정하는 것이 바로 자유와 평등의 조직 방식이다. 민주화 과정에서 우리가 겪었던 대부분의 주요 갈등은 어떤 민주주의인가, 다시 말해 자유와 평등의 조직 방식을 어떻게 할 것인가를 중심으로 발생한 것이었다. 사회 갈등이 매우 심했던 것은 조직 방식에 대한 합의가 없었고, 영역과 쟁점에 따라 기준이 유동적이었기 때문이다.

여기에 한 가지 주목할 것은 자유-권리-평등이라는 개념쌍의 독특한 결합 방식이다. 자유와 평등이 '권리 의식' 을 매개로 결합했다는 사실이다. 자유와 평등은 모두 책임, 의무, 도덕, 윤리라는 자기 규제를 중요한 구성 요소로 내면화하는 개념이다. 그러나 민주화 공간에서 응분의 몫에 대한 권리 의식이 과도 대변되면서 자유와 평등이 권리라는 프리즘으로 투영되었다는 점에 주목을 요한다. 자유와 평등이 모두 권리 개념으로 수용되었다는 뜻이다. 그 결과는 자유와 평등 개념의 착종이다. 자유의 이름으로 평등을 요구했고, 평등의 이름으로 자유를 확대하고자 했다. 양자는 견제 기능을 잃고 권리 의식 속에서 뒤섞였고, 자유와 평등이 서로 엉킨 권리투쟁이 전개되었다. 그 엉킨 개념 속에서 여전히 책임, 윤리, 도덕, 의무 같은 자유주의의 전제 조건은 잘 발견되지 않았다. 사회 성원들이 대체로 만족하는 자유와 평등의 적정 조합 내지 적정 분배를 공정성(fairness)이라고 한다면, 한국의 민주화 과정에서 갈등 조정의 규준이 되어야 할 공정성의 내용과 논리적 기반은 형성되지 않은 채 그 자체 권리투쟁의 공간으로 내던져졌다. 공정성이 권리투쟁의 대상이 된 것이다.

민주화 과정 내내 우리가 겪어왔던 보혁구도는 바로 이 공정성의 기준을 둘러싼 대립이라고 할 수 있다. 보수주의는 자유 쪽에, 진보주의는 평등 쪽에 무게의 중심을 두고 개혁 정책의 방향과 내용을 결정하고자 했던 것이다. 잃어버렸던 '자유' 를 충분히 보강한 후에 평등을 논해야 한다는 주장과, 여전히 개선되지 않은 '평등'을 적정 수준으로 실현시키는 것이야말로 자유를 확대하는 지름길이라는 주장이 팽팽하게 맞서는 상황을 우리는 자주 목격했다. 노태우 정권과 김영삼 정권은 대체로 전자에 속한다. 특히 김영삼 정권은 자유주의의 제도적 기반을 확립하는 작업에 정책적 관심을 쏟았는데, 노동 계급, 하층민, 소외 계층에 대한 배려가 있었음에도 불구하고 자본가와 지배 계층의 자율권 확대에 기여한 바가 더 많다는 평가를 받는다. 그도 그럴 것이, 김영삼 정권의 집권 세력 속에는 구지배 계층이 다수 포함되어 급진 개혁을 지연시켰으며, 집권 민주 세력도 급진 개혁이 초래할 경제적·사회적 비용이 당시에 가장 절실했던 정치 개혁을 좌절시킬지 모른다는 두려움을 갖고 있었다. 그런 의미에서 김영삼 정권을 '보수적 민주 세력'으로 보는 것은 적합하다. 이른바 '자유의 상승'이라고 부를 수 있는 1997년까지의 개혁 조치로 인해 민주주의의 제도적 기반은 대체로 갖춰졌지만, 그 '자유'는 여전히 권리 의식이 과도 강조된 개념이었지 책임, 윤리, 도덕의 견제 요소는 매우 미약했다.

'자유의 상승'에 종지부를 찍은 것은 다름아닌 외환위기 사태이다. 외환위기 사태는 '자유-권리'가 '평등-권리'를 누르면서 상승하던 시대적 흐름을 일시 중단시켰으며, 동시에 김영삼 정권에서 비판 세력으로 밀려나 있었던 진보 세력들의 재반격을 가능케 하였다. '평등-권리'의 개념쌍이 국가 파산의 책임 공방을 계기로 다시 세력을 얻기 시작한 것이다.

분배적 정의와 진보 세력의 딜레마

1997년 말 급작스럽게 발생한 외환위기 사태는 세계화에 대한 적응 미숙과 준비되지 않은 채 이뤄진 규제 완화에 따른 부작용의 결과라고 할 수 있다. 외환위기 사태의 원인이 시장 개방과 규제 완화에 의해 자율권을 획득한 재벌 대기업과 민간 금융기관의 무리한 차입과 투자 행위에 있다는 사실이 밝혀지자 '자유—권리' 개념은 설득력을 상실하기 시작했고, 급기야는 지배 계층이 옹호하던 성장 효율성(growth efficiency) 개념이 사회적 지탄의 대상으로 전락하기에 이르렀다. 그들이 주장했던 '자유—권리' 의 이념은 도대체 무엇을 초래했는가? 성장 효율성은 '응분의 몫' 을 받도록 해주었는가? 이런 질문들이 국가 파산 위기에 대한 국민적 분노와 함께 공개적으로 제기되었다.

진보 세력의 대안은 말할 것도 없이 분배적 정의(distributional justice) 개념이었다.[1] 보수 세력이 옹호하던 '자유—권리' 개념은 분배적 쟁점을 이른바 파급 효과(spread effects)로 해결하고자 한다. 지배 계층이 촉진하는 성장 효율성을 통해 나눠

---

[1] 여기서 진보 세력이란 넓게는 1970년대부터 형성된 민주화 세력을 지칭하고, 좁게는 급진적 민주주의를 지향하는 세력을 뜻한다. 보수 세력은 개발 연대의 지배 세력을 포함해서 온건한 자유주의 세력을 지칭한다.

먹을 파이를 크게 하면 노동 계급과 하층민에게도 그 혜택이 흘러간다는 논리이다. 그러나 외환위기 사태는 흑자 파이가 아니라 적자 파이를 만들어내 모든 국민들에게 엄청난 경제적 손실을 초래했을 뿐이다. 그것은 돌이킬 수 없는 처벌이었다. 진보 세력은 보수 세력의 실패를 두 가지 질문으로 집약했다.

첫째, 자유-권리 개념은 지배 계층의 '책임'을 확증하고 있는가? 외환위기와 같은 국가 파산 사태를 과연 누가 책임 질 것이며, 국민 다수에게 가해진 엄청난 손실과 피해를 누가 보상할 것인가?

둘째, 기득권층과 지배층이 옹호하는 '성장 효율성'은 과연 소외 계층에게 혜택을 주는 것인가, 그것은 정의로운가?

물론 진보 세력이 내린 답은 모두 부정적이었다. 자유-권리 개념쌍은 지배 계층의 사회적·공적 책임을 동반하지 않을 뿐 아니라, 자원 독점의 이데올로기일 뿐이라는 사실, 그들의 '성장 효율성'은 과거 개발 독재시대의 통치 이념을 연장시킨 논리이며, 한국의 미래를 주도할 이념으로는 더 이상 적합하지 않다는 확신이 그것이다. 진보 세력은 이런 부정적 진단과 함께 '분배적 정의'를 대안으로 제시했다. 그것은 '평등-권리' 요소를 강조한 개념이자 자원의 적정 분배를 통해 성장 효율성 내지 사회적 정의를 촉진한다는 논리이다.

민주화 과정에서 자유에 놓였던 무게의 중심이 다시 평등 쪽으로 옮아가기 시작했다. 외환위기 사태는 지배 계층의 책임, 윤리, 도덕이 국가 운영에 얼마나 중요한 것인가를 확인시켜줌과 동시에 국민의 마음 깊이 놓여 있던 평등주의적 열망에 다시 불을 붙이는 계기로 작용했다. 분배적 정의가 설득력을 얻기 시작했고, 그 결과 지난 두 차례의 대선에서 평등 지향적 진보정권이 탄생했다. 참여정부가 추구하는 국정 운영의 중심 원리인 '균형'은 다름아닌 평등의 중립적 표현이다.

그러나 참여정부가 추구하는 평등 지향적 정책이 반드시 순탄한 것만은 아니다. 그동안 성장-분배의 우위권을 둘러싼 논쟁이 치열하게 일어났고 현재도 합의점을 찾지 못하고 있음을 감안하면, 평등을 강조한 '분배적 정의'가 어떤 긍정적 결실을 맺기에는 현실의 반격이 너무나 거세다. 보수 집단의 저항과 도전은 논외로 치더라도, 진보 세력은 세계화의 물결 속에서 정치적 선택만으로 해결하기에는 벅찬 상황적 딜레마에 직면하고 있다. 그 이유는 다음과 같다.

첫째, 세계화의 구도가 적어도 단기적으로는 평등 지향적 정책을 꾸준히 저해하기 때문이다. 세계화의 이론적 배경은 이른바 신자유주의(neoliberalism)인데, 그것은 '시장의 확대'와 '국가 개입의 철회'를 요구한다. 시장은 본질적으로 불평등을 양산한다. 신자유주의자들은 장기적으로 시장 기제가 자원 배분의 효율성을 촉진하고 그 결과 불평등을 완화한다는 논리에 입각해 있지만, 신자유주의를 채택한 국가 중 불평등이 완화된 사례는 별로 찾아보기 힘들다는 사실이다. 참여정부가 국정 원리로는 평등을 강조하면서도 현실 정책에서는 별로 진전이 없는 이유가 그것이다. 그래서 참여정부는 성장론자도 분배론자도 만족시키지 못하고 어정쩡한 위치에 놓여 있다는 평가가 나오기도 한다.

둘째, 이른바 세계화가 촉진하는 글로벌 스탠더드(global standard)의 공세에 대해 코리안 스탠더드(Korean standard)를 과감하게 강화할 수도 없는 처지이다. 글로벌 스탠더드는 기업 경영에서 투명성·합리성·조직 민주성 등을 의미하고, 고용 관계에서는 정리해고 합법화, 능력 위주의 보상과 처우, 경쟁력 중심의 정책 등을 의미한다면, 한국적 스탠더드는 사실상 많은 점에서 그것과 대척점에 놓여 있다. 전자는 능력 위주, 경쟁력 중시의 불평등을 합리적인 것으로 간주하는 반면, 후자는 그것이 불합리할 뿐만 아니라 잘나가는 사람, 능력 있는 사람 위주의 지배 논리라고 생각한다. 평등에 관한 한 진보정권은 글로벌 스탠더드로부터 가해지는 엄청난 압력을 받으면서 코리안 스탠더드에 내장된 평등 지향적 심성을 구출하고 싶은 것이다. 더욱이 기업과 국가 경영에서 코리안 스탠더드는 외환위기 사태를 계기로 설득력을 상실했고, 경쟁력 강화의 요건을 명시하는 글로벌 스탠더드가 경제·사회의 각 영역에서 세력을 넓히고 있는 것이 최근의 현실이라면, 진보정권의 평등 지향적 통치 이념은 그 자체 해결하기 어려운 심각한 딜레마에 직면하고 있다. 이것을 어떻게 풀 것인가? 참여정부가 그동안 보여준 '말의 잔치' 말고 분배적 정의를 실질적으로 진작시키고, 그것을 통해 성장 효율성을 살려낼 현실적 정책과 방법은 과연 가능한가? 그것도 외환위기 사태가 국민들에게 가한 손실과 상처는 아직 아물지 않았고, 보수적 자유주의의 실패에 의해 국민들의 평등 지향적 열망이 더욱 강화된 현재의 상황에서 말이다.

6

결론 : 다원적 평등의 전제와 논리

평등주의는 해로운 것이 아니다. 오히려 일상생활의 매우 신선한 촉진제이자 뭔가 하고자 하는 의욕을 만들어내는 심리적 에너지다. 무기력증에 빠진 사람은 삶의 의욕도 없고, 이루고자 하는 욕망도 없으며, 결국 자신의 능력을 과소평가하고 자포자기 상태로 자신을 몰아넣는다. 이에 비하면, 평등주의는 남과 꾸준히 견줘 자신을 채찍질하고 남의 성공을 부러워해서 나도 할 수 있다는 의욕을 자가 발전시킨다. 다만 앞에서 지적한 것처럼, 그런 시기와 질투의 심성이 불법적·파행적 수단을 선택하도록 만든다는 점, 그리고 개발 연대와 민주화 과정에서 드러난 제도화의 허점이 파행적 수단을 선택한 사람들로 하여금 성공 가능성을 높여주었다는 점이 문제다. 그러나 이제 민주화도 어느 정도 성숙 단계에 접어들었고, 사회 각 부문의 제도들도 그런 허점을 허용하지 않게끔 발전했다는 점은 평등주의의 부정적 사용 가능성을 줄여주는 바람직한 현상일 것이다. 한국은 아직도 부정부패 지수에서 중진국 수준을 면치 못한다. 그것은 사회의 투명성·합리성·공정성이 제대로 정착되지 않았음을 뜻하는데, 국민의 정부와 참여정부의 노력에 의해 상당히 개선되고 있다는 것은 미래 전망을 밝게 만든다.

평등주의는 삶의 의욕이다. 그것은 선천적 자질도 아니고 남이 가르쳐준 것도 아니다. 그러나 한국 사람들은 사회 성원으로 성장하면서 치열한 경쟁의식을 갖게 되고, 경쟁이 격화되면 될수록 평등주의적 심성을 키워가는 경향이 있다. 그러므로 경쟁과 평등주의는 한 쌍이다. 한국 사회에서의 경쟁이 다른 국가보다 높고 치열한 이유는 좁은 국토와 높은 인구밀도 때문이다. 인구밀도가 전 세계 3위를 차지할 정도로 높고, 특히 서울, 대전, 대구, 부산, 인천, 광주 등 6대 대도시의 인구밀도는 세계적이다. 인구 밀집 지역에서 높은 경쟁 수준은 경제 성장을 촉진한다. 역으로 경제 성장은 다시 경쟁 밀도를 높인다. 높은 경쟁 밀도는 사람 간의 접촉 빈도가 높다는 것을 뜻하고, 성공과 실패의 교차점을 매우 활발하고 빈번하게 만든다. 그런데 이 과정에서 평등주의가 싹튼다. 주로 남을 헐뜯고, 성공한 사람이 선택한 파행적 수단을 비난하고, 자신은 몰랐던 기회를 다른 사람들이 잡았다는 피해 의식과 상실감을 표출하는 등의 모습은 모두 평등주의적 심성과 직간접으로 연관되어 있다. 비난의 심성, 분노와 적개심의 에너지를 긍정적 에너지로 변환시키는 것은 곧 사회 공학(social engineering)의 과제이다. 결론에서 우리가 탐색하고자 하는 쟁점이 바로 이것이다. 우선 평등주의를 긍정적 에너지로 전환시키는 데에 필요한 전제를 정리하고, 한국의 평등주의 심성을 '다원적 평등' 으로 발전시킬 수 있는 논리를 제시하고자 한다.

01

전제 1 : 평등주의의 장점 살리기

우선 개인적 차원에서 평등주의는 '노력의 에너지' 다. 성공 경쟁(race to success)에서 남과 견주는 관습은 반드시 나쁜 것이 아니다. "올라가지 못할 나무는 쳐다보지도 마라"는 격언이 있지만, 그래도 쳐다보는 사람은 쳐다보기를 포기한 사람보다 발전 가능성이 크다. 남과 꾸준히 견줘 자신을 채찍질하는 것은 피곤하지만 자신의 발전을 가져온다. 평등주의는 노력을 자가 발전하는 저수원이다. 그것은 왜 한국인이 다른 국가의 국민들에 비해 성취동기가 강한지를 설명한다. 직공은 공장장이 되고 싶어하고, 사원은 사장이 되고 싶어한다. 소매업자는 도매업자가 되기를, 슈퍼마켓 주인은 백화점 사장을 꿈꾼다. 누가 가르쳐주지도 않았는데 한국인의 경영 마인드는 매우 높은 편이다. 1970년대에 이른바 오퍼상이란 직업이 있었다. 한국의 생산품을 세계 시장에 내다팔고 세계의 상품을 수입하는 소규모 유통업자였는데, 후에 경제 규모가 커지면서 종합무역상사로 발전했다. 오퍼상을 하면서 쌓은 경험과 지식을 대규모 기업을 세우는 데에 활용한 것이다. 후진국을 대상으로 한 UN의 산업화 프로젝트는 아동들에게 경영의 중요성을 일깨우는 교육을 강조한다. 한국의 초등학교 교육이 기업 경영과 경영

정신을 남달리 강조하는 것은 아닌데도 한국에서 세계적인 기업인이 탄생하는 것은 바로 이 평등주의가 촉진한 성취동기 때문이었다.

둘째, 사회적 차원에서 평등주의는 공정성(fairness)에 대한 사회적 관심과 경각심을 불러일으킨다. 자원과 기회의 배분에 공정한 기준을 적용하지 않으면 사람들의 불만은 쉽사리 폭발한다. 이권이 개입된 국가 정책을 투명하게 집행하지 않으면 곧 사회적 문제로 비화된다. 공정성은 투명성과 합리성을 전제로 한다. 그런데 평등주의가 남달리 강한 한국 사회에서 국민 다수를 만족시킬 공정성의 기준을 만들기가 매우 어렵다는 점은 문제다. 누차 지적했던 대학 입시제도가 좋은 사례이다. 명문대학의 입학 기준을 무엇으로 할 것인가, 그것도 창의성을 살리는 교육을 활성화하면서 다수의 국민들이 동의할 수 있는 기준을 찾아내기란 무척 어렵다. 그래서 수학능력시험과 같이 전국적으로 일시에 치르는 학력 평가 방법과 그 성적을 일률적으로 적용하게 되는 것이다. 성적을 적용하는 데에는 이의를 제기할 사람이 별로 없고, 또 그 결과에 승복하지 않을 도리가 없는 것이다.

셋째, 평등주의는 흔히 말하는 인심(人心) 또는 인정(人情)과 관련이 깊다. 여유 있는 사람이든 형편이 어려운 사람이든 못 살고 가난한 사람들에 대해 뭔가를 베풀고 싶어한다. 앞의 2장에서 예시하였듯이, 잔칫집에는 으레 동네 사람들이 모두 초대되고 심지어는 부랑자와 거지들도 한 상을 차려 받는다. 한국처럼 수재의연금이나 국민성금 모금이 활발한 국가도 없을 것이다. 천재지변에 화를 당한 사람들에게 십시일반의 인정이 쏟아진다. 이런 심성은 어떤 계기가 주어지면 공익(公益)에 대한 관심으로 연결될 수 있다. 최근에 기부, 자선, 자원봉사 등의 공익 활동이 증가하고 있는 것은 매우 바람직한 현상이다. 평등주의적 심성은 자신과 성공한 사람을 견주게 하기도 하지만, 자신보다 못한 사람의 처지를 이해하고 돕게 만드는 자선의 에너지이기도 하다. 그것은 궁극적으로 공익을 함양시킨다.

따라서 평등주의의 부정적 측면이 확대되었다고 해서 무조건 경계하고 폐기하고자 하는 것은 적합한 판단이 아니다. 오히려 그것의 긍정적 측면을 촉진하고 활성화시키는 것이 필요하다. 한국인에게 특유한 활기(vitality)를 살리는 것, 그것의 핵심 요소인 평등주의를 성취동기, 공정성, 공익적 관심의 촉진제로 만드는 것이 중요하다는 말이다.

전제 2 : 공정성의 경제 지대

공정성은 변화한다. 마찬가지로, 자유와 평등의 개념도 변화한다. 더 정확히는 경제 발전의 수준에 따라 자유와 평등의 개념, 그것을 포괄한 공정성의 개념은 진화한다(evolve). 과거에는 불평등하게 간주되었던 현상이 경제가 성장하고 생활수준이 개선될수록 사회적 쟁점으로서의 성격을 상실한다. 생활수준이 변화하고 그에 따라 국민들의 의식 성향도 변화하기 때문이다.

예를 들어 골프는 국민소득 1만 달러 이전의 단계에서는 매우 사치스런 스포츠였다. 고소득층만이 즐길 수 있는 상층의 스포츠였다. 그런데 국민소득이 증가하자 골프 인구가 늘고 대중화의 조짐을 보이게 되었다. 아마 소득 수준이 2만 달러를 넘게 되면 본격적인 대중화 단계가 시작될 것이다. 대체로 국민소득 2,000달러 수준에서는 탁구가, 5,000달러 수준에서는 테니스가 유행한다. 그리고 곧 골프가 유행하기 시작한다. 2만 달러 수준에 도달하면 골프는 이제 대중 스포츠로 정착하고 요트가 경제적 상층의 관심을 끌게 될 것이다.[1] 그때가 되면 요트

---

1 이것을 입증할 증거는 부족하다. 그러나 경제 수준이 다른 국가들에서 유행하는 스포츠를 관찰해 보면 이런 서술이 가능할 것이다. 한국은 정확히 이런 과정을 밟고 있다.

를 소유한 사람, 요트놀이를 할 수 있는 재력을 가진 사람이 시기의 대상이 될 것이다. 이렇듯 불평등의 대상과 개념 자체가 변화한다.

한국 사람들의 최대 관심사인 주택 소유도 마찬가지이다. 지금은 강남 지역에 사는 사람들이 질투와 시기의 대상이다. 그러나 강남 지역의 아파트들이 고급 주택의 요건을 갖추고 있는가를 살펴보면 반드시 그렇지도 않다. 경제 수준이 올라감에 따라 사람들의 주택 수요도 더욱 고급화된다. 수요가 있는 곳에 공급이 있기 마련이다. 그렇다면 고급 주택 지역이 여러 군데 분산적으로 형성될 가능성이 크다. 고급 주택이란 지금은 '강남 지역'이라는 한 개의 기준만 작용하고 있지만, 주택의 질, 규모, 공동체의 분위기, 인프라의 유형 등등 복수의 기준이 중시될 날이 곧 온다고 보면, 강남 지역에 대한 시기와 질투는 여러 곳으로 분산될 가능성이 크다. 평등 지향적 심성의 대상이 다기화되고 초점도 여러 개로 갈라질 것이다.

경제 성장의 수준에 따라 공정성의 개념이 변화하는 것, 이것을 '공정성의 경제 지대(economic zone of fairness)'라고 일단 부르자. 여기에서 두 가지 질문을 제기해보자. (1) 저소득 단계에서 생성된 '단일한 공정성'이 기준이 여럿인 '다원적 공정성' 개념으로 분화하는 시점은 어디인가?[2] (2) 평등주의적 열망이 경제 수준에 비례한다고 가정하면, 그 강도와 속도는 경제 지대에 따라 어떻게 달라지고, 하강 곡선을 그리는 변곡점

---

[2] 다원적 평등의 개념은 다음 절 참조.

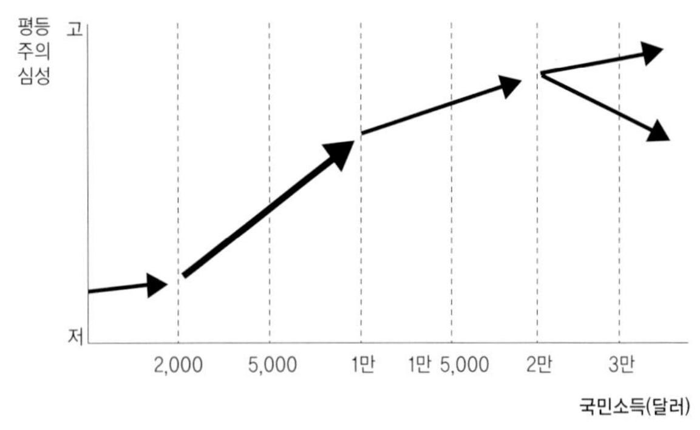

은 대체로 어느 시점일까? 이 질문은 한 국가의 집단심리를 연구하는 데에 매우 중대한 것인데, 불행히도 **가설적 형태**로밖에 답할 수 없는 것이 안타깝다. 선행 연구를 찾지 못했기 때문이다.[3] 따라서 아래에 제시하는 것은 가설적 수준의 설명이며, 향후 조사 자료를 활용한 객관적 연구를 기약한다.

　우선 두 번째 질문으로 시작하자. 〈그림 6-1〉은 평등주의 심성의 강도(선의 굵기)와 속도(기울기)를 나타낸 것이다. 2,000달러 수준까지는 평등주의적 심성이 그다지 크지도 않고 증가 속도도 빠르지 않다. 나눠야 할 자원이 많지 않고, 따라서 시기의 대상도 한정적이기 때문이다(한국에서 1970년대 말까지의 상황을 고려하면 이와 유사하다). 그러나 2,000달러를 넘어가면서 사정은 달라진다. 2,000달러에서 1만 달러까지의 경제 지대에서

3　사회심리학에서 이런 연구가 있을지도 모르겠다. 필자의 향후 연구 과제로 미뤄둔다.

는 평등주의적 심성의 강도와 속도가 동시에 빠르게 증가할 것
이다. 바로 이 지대가 평등주의적 심성이 사회적 갈등으로 폭
증하는 곳이다. 나눠야 할 자원도 많아지고 성공과 실패의 교
차가 빈번해진다. 이와 더불어, 성패를 좌우할 사회적 제도와
법질서가 그다지 단단하게 정착되지 않았다는 점을 고려해야
한다. 이 시기는 대체로 국가와 사회의 성장기에 해당한다. 따
라서 법과 제도가 활발하게 도입되고 구제도가 폐기되는 때를
틈타 기회주의와 연고주의, 불법과 파행이 판을 치게 된다. 범
죄율도 이 시기에 증가할 것이다.

그렇다면 1만 달러와 2만 달러 사이의 경제 지대는 어떠할
까? 이 지대에는 법과 제도가 어느 정도 성숙 단계에 이르고 경
제질서도 정착한 시기이므로 초기적 단계에서 활성화된 파행
적·불법적 행위는 줄어들 것이다. 또한 시장질서와 경쟁질서
가 기틀을 갖추게 됨에 따라 기회주의적·연고주의적 성공의
가능성이 줄고 경제 마인드, 기획력, 지식과 역량, 능력, 노력,
의지 등의 요인이 성패를 가름하게 될 것이다. 전 단계에서 무
성하게 번성한 평등주의적 심성은 이 지대를 통과하면서 강도
와 속도 양 측면에서 약간 누그러질 가능성이 있다. 그러나 여
전히 평등주의적 심성은 증가한다. 국가가 복지와 안전에 관
한 여러 가지 안전망을 도입한다고 해도, 나눌 자원이 많아진
사회에서 성패의 교차는 상대적 박탈감과 불만을 낳을 것이기
때문이다.

한국 사회가 현재 바로 이 단계에 놓여 있다고 볼 수 있겠다.
평등주의적 심성의 강도와 증가 속도는 다소 누그러졌지만, 여

전히 늘어나는 단계가 그것이다. 이 시점에서 필요한 것은 말할 것도 없이 '고소득층과 성공한 사람들의 불만을 사지 않는' 분배 정책이다. 그런 것이 가능한가? 필자는 가능하다고 생각한다. 선진국의 경험을 상세히 검토하면 그것이 가능하다는 판단에 도달할 것이다. 그것이 어떤 제도인가를 따지는 것은 이 글의 범위를 벗어난다. 다만 복지의 이름으로 행해지는 다양한 형태의 분배 제도를 연구 검토하는 것이 필요하다. 그것도 계급 간 이해 충돌을 촉발하지 않고 경제 효율성을 해치지 않는 범위에서 가능한 매우 용의주도한 분배 제도 말이다.

3만 달러 수준에 진입하면 평등주의적 심성의 강도와 속도는 매우 빠르게 축소되고 늦춰질 가능성이 매우 크다. 앞에서 지적하였듯이, 골프가 더 이상 사치스런 스포츠로 인식되지 않게 되고, 고급 주택의 기준도 다기화될 것이다. 생활의 기본재가 충족되고 안전망이 풍부해지는 국민소득 3만 달러 정도의 사회라면, 사람들의 관심은 '삶의 질' 을 높이는 다양한 방법들에 맞춰질 것이다. 예를 들면 개인적 선택과 기호를 중시하는 사회 심리가 형성되어 '누가 어떤 자원을 향유하는가' 보다는 '누가 어떻게 삶의 질을 풍부하게 만들어가는가' 에 관심을 두게 될 것이다. 물론 그런 풍요한 사회에서도 불평등과 그에 대한 불만은 존재한다. 그러나 평등주의적 심성을 촉발하고 그것을 시기심으로 전환시키는 집단심리는 약화될 가능성이 크다.

이런 분석은 곧 첫 번째 질문과 연결된다. 단일한 평등 개념이 언제 다원화될 것인가? 1만 달러의 경제 지대까지는 단일한 평등 개념이 우세할 것인데, 일단 이 지대를 통과하면 기준의 분화가 발생할 가능성이 많다. 이것을 1만 5,000달러 지점이라고 일단 가정하면, '경제적으로 풍요한 삶'으로부터 '제대로 살기' 또는 '윤택하게 살기(well-being)'로 눈을 돌리는 시점이 대개 이곳이다. 한국에서 웰빙에 대한 관심이 지금 일어나기 시작한 것도 우연이 아니다. 대만의 경우 1만 5,000달러를 통과하면서 젊은이들이 엄청나게 가격이 상승한 주택의 소유를 아예 포기하고 자동차와 기호품에 돈을 쓰는 풍토가 생겨난 것과 마찬가지이다. '부자 되기(being rich)'는 출세와 고소득이라는 단일 기준을 평등에 적용하는 경향이 있지만, '윤택하게 살기'는 그런 경제적 기준 외에 정서적·심리적 만족도를 또 다른 기준으로 내면화한다. 그것은 '단일한 평등'을 '다원적 평등'으로 전환시키는 계기일 것이다.

03

전제 3 : 관용 수준을 높이는 것

지금까지의 설명은 흥미롭기는 하지만, 경제 결정론의 함정이 있다. 말하자면, 개인적 각성이나 노력 없이도 경제가 발전하면 저절로 해결될 것이라는 가정이다. 물론 개인적 노력은 매우 중요하고, 사회적 분위기의 일신 또한 중요하다. 정치권이 평등주의적 심성을 정권의 목적에 활용하지 않으면서 개인적 갈등을 해소하도록 심리적 타협점을 모색해주는 노력도 중요하다.

그러나 무엇보다 개인적 차원에서 관용의 수준을 높이는 것, 성공한 사람, 출세한 사람, 능력 있는 사람에 대해 그들의 자질과 장점을 인정해주는 습관을 배양하는 것은 대단히 중요하다.

한국 사회는 '질투의 시대'를 거쳐 '인정의 시대'로 진입해야 한다. 남을 인정하는 것, 남을 탓하지 말고 자신의 행위에 책임을 지는 것, 성공한 사람은 사회적 책임을 지는 것, 능력 있는 사람은 공익을 위해 기여하는 것 등등 규범적 정언(定言)들이 사회적 관심을 얻어야 한다.

관용의 수준을 높이면 부정적 측면의 평등주의적 심성은 저절로 수그러진다. 그것은 사회적 학습 과정을 필요로 한다. 한국 사회에서 그런 덕목을 배우고 함양할 사회적 학습 기제가 얼마나 존재하는가? 그것을 만들어야 할 때다.[4]

---

4 사회적 학습 기제로서 독일의 시민교육이 하나의 중요한 모범으로 떠오른다. 독일 국민들은 한 해에 1~2주일은 시민교육을 이수하도록 법으로 규정되어 있다. 누구나 원하는 곳에서 일정 기간 동안 시민교육을 받을 수 있다. 루소가 강조하는 도덕교육이 이런 기제를 상정했다.

04

다원적 평등의 논리

그렇다면 평등주의의 장점을 어떻게 살릴 것인가? 앞의 2장에서 서술한 바 있는 평등주의의 부정적 측면을 줄이고 사회 성원들을 공정성 시비에 빠뜨리지 않을 방법은 무엇인가? 그것은 곧 '사회 정의(social justice)'를 어떻게 개념화하고 제도화할 것인가의 문제와 직결된다. 한국 사회에는 다수의 사회 성원들이 동의하는 사회 정의의 기준이 존재하는가? 사회 정의는 평등을 집행하는 기준이다. 그렇기 때문에 사회정의론은 항상 평등론과 같은 의미로 쓰인다. 이 분야의 고전인 존 롤스의 사회정의론은 평등론이고, 마이클 왈쩌의 정의론도 평등을 어떻게 실현할 것인가에 논의가 집중되어 있다.

한국에서 평등을 둘러싸고 갈등이 빚어지는 가장 큰 이유는 대부분의 사건에 협의의 기준을 적용하는 경향이 있기 때문이다. 크고 작은 많은 갈등을 겪으면서도 사람들이 동의할 수 있는 기준과 원칙을 만들어내지 못했다. 예를 들면 능력과 노력의 차이를 고려하지 않고 '결과의 평등'을 주장하는 것이 정의로운가? 유수한 민간기업이 명문대 졸업생에게 취업 프리미엄을 주는 것은 정의로운가, 아닌가? 다수의 주택을 소유한 부유층에 강도 높은 보유세를 부과하는 것은 정의로운가, 아닌가?

신용불량자들이 상환해야 할 돈을 국가가 대신 갚아주는 것은 정의로운가? 빈곤한 사람들이 내지 못한 사회보험료를 탕감해 주는 것은 어떠한가? 등등. 다시 말하건대, 어떤 기준에 합의하는가에 따라 정의로울 수 있고 아닐 수 있다.

평등은 자원과 가치의 분배를 어떻게 할 것인가의 문제다. 사회 성원들이 중요하다고 생각하는 가치들은 모두 사회적 분배의 대상이다. 그런데 모든 사람이 그 가치와 자원을 동일하게 나눠 가질 수는 없다. 자본주의 사회에서 돈이 중요하다고 화폐균분법을 만들어 똑같이 나눠 가질 수는 있겠지만, 일정 기간이 경과하면 시장 거래에 의하여 화폐의 불균등 체계가 다시 만들어진다. 그래서 정치 권력체가 화폐균분법을 다시 발동해서 균등 분배 상태로 회복시킬 수는 있겠는데, 그렇게 된다면 돈의 지배력, 돈의 가치는 사라진다. 돈이라는 사회적 가치를 소멸시키는 방법이다. 단일한 사회적 가치를 균등하게 나눠 갖는 상태를 '단순 평등 체제(simple equality system)' 라고 부른다면, 이런 사회는 지구상에 존재하지 않는다. 사회적 가치는 다수이고, 다수의 가치를 모두 균등하게 배분할 수는 없기 때문이다. 이것이 다원적 평등(complex equality) 개념으로 나아가는 출발점이다.

존 롤스의 단순 평등 체제

다원적 평등은 마이클 왈쩌가 제시한 개념으로서 존 롤스의 일원적 평등 개념의 한계를 보완한다. 롤스의 정의론은 대체로 사회계약론적 전통에 바탕을 두고 사회 성원들이 사회적 기본재의 분배 원칙에 합의하는 것이 중요하다고 지적한다. 이때 사회적 기본재는 자유·소득·부인데, 롤스는 이것의 분배 원칙을 다음과 같이 두 가지 원리로 제시한다.[5]

(1) 제1원리 :

시민들의 기본권으로서의 자유는 모든 사람들에게 균등하게 할당된다(최대로 평등한 자유의 원리).

(2) 제2원리 :

(a) 모든 사람들에게 사회적·경제적 가치를 획득할 수 있는 기회가 공정하고 균등하게 분배된다(공정한 기회 균등의 원리)

(b) 사회적 경제적 불평등은 사회의 최소 수혜자에게 그 불평등을 보상해줄 이득을 낳는 경우에 한하여 정당화된다(차등의 원리).

롤스의 정의 개념은 공정성(fairness)으로 집약된다. 공정성이란 위의 두 가지 원리에 의해 구현될 수 있다는 것인데, 자유가 모든 사람에게 균등하게 보장된 상황에서 기회 균등의 원리와 차등의 원리가 그것이다. 사회적·경제적 가치의 획득 과정에서 모든 사람들에게 기회가 골고루 열려 있어야 한다. 천부적 자질을 가진 사람과 그렇지 못한 사람 간 기회가 불균등하다면 공정하지 못한 사회이다. 그런데 롤스는 사회적·경제적 불평등을 '모든 사람에게 이익이 되는 한'이라는 단서하에 허용될 수 있다고 말한다. "모든 사람에게 이익이 된다"는 것

---

5 존 롤스(1977), 《사회정의론》, 황경식 옮김, 서광사. ; 김만권(2004), 《불평등의 패러독스 : 존 롤스를 통해 본 정치와 분배정의》, 개마고원.

은 평등 분배보다 불평등 분배에서 자신에게 더 많은 것이 돌아올 때이다. 이런 경우는 대체로 사회의 최소 수혜자 또는 약자가 분내 몫을 더 할당받아 그 불평등을 합의해줄 때이다. 이를 최소 수혜자에게 최대가 돌아간다는 뜻에서 맥시민(maximin) 원리라고도 부른다. 이런 분배적 정의가 실현되기 위해서는 성원 간의 합의가 중요해진다. 롤스는 합의 또는 계약의 조건으로 무지의 베일(veil of ignorance)을 제시한다. 계약 당사자들이 서로의 상황에 대해서 알지 못한다는 것을 전제로 하는 것이다. 서로의 상황을 모르는 상태에서 계약을 행하고 (원초적 상황), 혹시 분배 상태에 불만이 제기되었을 경우는 원래 계약의 상태인 원초적 상황으로 돌아갈 것을 권고한다.

롤스의 정의론은 분배 정의에 관한 포괄적 원칙을 제시하였다는 점에서 이 분야의 고전적 이론으로 주목받았다. 사회적·역사적 우연성에 의한 불평등과 천부적 자질에 의한 불평등을 인정하지 않고 공정한 기회 균등을 보장하려 하였으며, 불평등을 인정하되 모든 사람들에게 이익이 되는 경우, 특히 최하층의 사람들에게 더 많은 이득이 돌아가는 경우에 한하여 인정하는 차등의 원리를 강조했다. 그런데 이론의 포괄성 때문에 사회에 적용하는 데에는 구체성이 결여되었다는 비판도 많다. 즉 자유·소득·부가 가장 중요한 사회적 기본재이기는 하지만, 분배 갈등을 일으키는 사회적 가치는 그것 외에 매우 다양하고 많으며, 만약 두 가지 원칙을 충실히 지키고도 사회 성원들이 분배 체계에 불만을 나타낸다면 어떻게 할 것인가의 문제가 발생한다. 롤스의 권고대로 사회적 합의가 이뤄지면

좋겠으나 현실 정치에서는 쟁점들이 서로 얽혀 연쇄 효과를 불러오기 때문에 새로운 계약을 만들어내기가 사실상 어렵다. 모든 사람들에게 이득이 되어야 한다는 조건과 성원 간의 자유로운 계약을 근간으로 하는 롤스의 '민주적 평등 원리'는 그러나 자유로운 계약과 합의가 어떻게 이뤄질 것인가 하는 현실적 문제를 남긴다.

마이클 왈쩌의 다원적 평등

이에 비하면 왈쩌의 다원적 정의론은 현실 적합성을 높인 이론이며, 한국과 같이 평등주의가 다른 여러 가지 사회적 가치관과 복합적으로 얽혀 있는 경우에 적용 가능성이 높은 이론이다. 왈쩌는 롤스의 이론을 단순 평등론의 대표적 사례로 꼽으면서 사회적 가치의 다면성·복합성에 주목한다. '다원적 평등' 개념을 한마디로 요약한다면, **"상이한 가치들은 상이한 분배 원칙에 따라 상이한 주체에 의해 분배되어야 한다"**는 것이다.[6] 왈쩌는 사회적으로 유용한 가치들은 매우 많고 다양해서 각각의 가치들을 분배할 때에는 가치들의 고유한 성격에 따라 각각 다른 기준이 적용되어야 하고, 그것을 분배하는 주체들도 달라야 한다고 본다. 다원적 평등론이 근거하고 있는 사회적 가치론은 다음과 같은 여섯 개의 명제로 요약된다.

• 분배적 가치와 관련된 모든 가치들은 사회적 가치들이다.

---

6 마이클 왈쩌(1999), 《정의와 다원적 평등 : 정의의 영역들》, 정원섭 외 옮김, 철학과 현실사, 1장의 역주.

- 사람들이 사회적 가치들을 구상하고 창출하며 소유하고 채택하는 바로 그 방식 때문에 사회적 가치들은 구체적인 정체성을 갖는다.
- 도덕적·물질적 세계에서 통용되는 기본적 가치들의 집합을 단 하나로 구상하는 것은 불가능하다.
- 가치들의 이동을 결정하는 것은 그 가치들의 의미다.
- 사회적 의미들은 역사적이어서 분배, 정의로운 분배, 부정의한 분배의 개념들은 시간과 함께 변화한다.
- 사회적 가치들은 각각 고유한 분배 영역을 구성한다.

이 여섯 가지의 명제 속에는 가치들의 복합성, 가변성, 고유성, 의미성 등이 함축되어 있다. 왈쩌의 관심은 어떤 단일한 사회적 가치를 어떻게 평등 분배할 것인가에 놓여 있는 것이 아니다. 단일한 사회적 가치는 불평등하게 분배된다는 것을 전제로, 불평등 분배된 사회적 가치들이 어떻게 전체적으로 평등한 상태에 도달할 수 있을 것인가에 맞춰져 있다. 롤스의 사회적 기본재인 소득과 부는 자유주의적 자본주의 사회에서 원래 불평등하게 분배된다. 그것을 공정 분배하는 원리를 롤스가 제시했다면, 왈쩌는 불평등 분배된 그것들의 평등 분배 방식을 논한다. 왈쩌는 여기서 창의적 논리를 도입한다. 그것은 전환 과정이라는 개념이다. 하나의 가치가 다른 가치로 전환되는 것을 막아야 한다는 주장이다. 그의 말을 인용하면 다음과 같다.

대체로 최고의 업적을 성취한 정치가들, 기업가들, 학자들, 군인들 그리고 연예인들은 대부분의 경우 서로 다른 사람들일 것이며, 그들이 소유한 가치들이 연쇄적으로 다른 가치들을 불러들이지 않는 한, 우리가 그들의 업적을 두려워해야 할 필요는 전혀 없다. 지배 및 지배 행위에 대한 비판은 개방적인 분배 원칙으로 나아간다. 어떠한 사회적 가치 x도, x의 의미와는 상관없이 단지 누군가가 다른 가치 y를 갖고 있다는 이유만으로 y를 소유한 사람들에게 분배되어서는 안 된다.[7]

즉 하나의 가치에서는 불평등 체계가 존재할 수 있다. 이 경우에도 왈쩌는 최대한 평등하게 분배될 것을 전제로 하지만, 하나의 가치가 다른 가치로 전화되는 것, **하나의 가치가 다른 가치를 불러들이는 것은 부정의한 상태로 규정한다**. 즉 하나의 가치를 소유하고 있다는 이유만으로 다른 영역에 대한 지배와 독점이 발생하는 것이다. 그것은 평등이 아니다. 사회적 가치들은 고유한 영역이 있다고 말할 때 왈쩌는 다른 영역의 가치가 **침범하지 않을 것**임을 전제 조건으로 한다. 침범할 경우 전제(專制)가 발생한다. 전제란 하나의 수단을 통해 그 수단이 아닌 다른 수단으로만 얻을 수 있는 것을 소유하려는 힘이다. 왈쩌가 각각의 사회적 가치는 고유한 작동 영역과 원리를 갖고 있음을 강조한 이유가 이것이며, 어떤 경우에라도 다른 가치의 원리에 의해 침해되지 않을 것을 강조한다. 그러므로 평등이 복합적인 것은 가치들이 서로 관계 맺는 방식 때문이다. 서로 얽힌 방식을 신중하게 풀어헤치고 각각의 고유 영역으로 돌려보낸다면 복합적 쟁점들도 쉽게 해결할 수 있다. 왈쩌는 평등

---

7 마이클 왈쩌(1999), 앞의 책, p. 57.

의 문제를 '함께 만들고 공유하며 또한 나누는 가치들에 의해 매개되는 인격체들 간의 다원적 관계'로 보고 "**똑같은 양의 재산을 소유하도록 하는 것이 아니라 평등은 사회적 가치의 다양성을 반영하는 다양한 분배 기준을 요구한다**"고 강조한다. 이것이 다원적 평등이다.

05

그래도 사회적 합의가 필요하다

왈쩌의 다원적 평등론이 한국 사회에 만연된 부정적 심성 내지 비난과 분노심의 수원지로서의 평등주의를 긍정적 힘으로 바꾸는 완벽한 해결책은 아닐지라도 그런 목적에 어떤 개선의 여지를 제공한다는 점은 분명해 보인다. 한국의 평등주의가 기계론적·결과론적 평등에 치중되어 있다면, 그것은 하나의 가치 체계에 있어 불평등이 다른 가치 체계의 불평등으로 전환되고 서로 얽혀 있기 때문일 것이다. 예를 들면 돈을 많이 가진 사람이 그 이유만으로 정치적 권력자가 될 수 있다거나, 같은 죄를 지었어도 가난한 사람에 비해 형량이 적어지는 사례를 들 수 있을 것이다. 역으로 부유한 지역에서 명문대 진학률이 높은 것이 반드시 정의롭지 않은 것인가의 문제도 돈, 자질, 교육 기회 등 각 영역별 고유 원칙들을 따져보고 서로 얽혀 있는 문제를 파헤쳐야 최종 판단이 가능하다.

왈쩌의 다원적 평등론이 한국 사회의 기계론적·결과적 평등주의에 제공하는 시사점을 이렇게 정리할 수 있겠다.

첫째, 하나의 가치 체계에서 불평등은 최소화해야 한다. 이 경우 어느 정도의 불평등을 말하는가는 결국 사회 성원들의 인지(perception)와 관용성(tolerance)에 달려 있다. 사회적 가치들은 역사적이며 가변적이라는 왈쩌의 주장대로 한 사회의 역사적 배경에 따라 사회 성원들이 불평등하다고 인지하는 정도는 다르다. 한국 국민들이 학력주의에 따른 차별을 불평등하다고 느낀다고 해서 학력을 모두 철폐하는 것을 선호하지는 않는다. 어느 정도의 차별이 필요한 것이다. 왈쩌가 강조하듯, 분배 원칙으로서 '응분의 몫'은 중요하다. 대기업과 중소기업의 임금 편차를 심각하다고 모두 느끼지만 어느 정도가 적정한 불평등인지는 아무도 모른다. '응분의 몫'은 왈쩌도 인정하듯 추상적인 논쟁을 낳기 쉽고 쉽게 결정되지도 않는다. 그러나 '불평등하다고 느끼는 것'은 정책적 수단에 의해 개선되어야 한다. 아무튼 불평등하다고 느끼는 정도는 가치 체계 영역별로 다르다.

둘째, 각각의 사회적 가치 체계들의 불평등이 다른 영역으로 전환되는 것을 막아야 한다. 베버의 3P 자원(재산, 권력, 지위)들이 서로 경계를 허물고 침투하는 것을 막아야 한다는 말이다. 돈이 정치권력으로, 권력이 지위로, 지위가 소득으로 각각 전환되는 사회는 부정의한 사회이다. 부정부패는 각각의 경계를 가로질러 전환 과정을 촉진하는 행위이다. 왈쩌의 기대대로, "다원적 평등은 사회적 갈등을 더욱 분산시켜 개별화된 형태로 나가는 길을 열 것"이다. 그러기 위해서는 가치 체계들의 관계 맺는 방식에 대한 연구가 필요하다. 왜냐하면 가치 체계들의 얽힌 구조를 풀어야 분쟁 해결과 정의 개념의 설정이 가능하기 때문이다.

셋째, 그럼에도 공동체에 속해 있다는 성원권(membership)은 분배의 출발점이다. 성원권이란 그 공동체에 속해 있는 것

으로 얻는 자격을 의미하는데, 성원권은 특정한 분배 기준이
정의롭다, 정의롭지 않다는 것을 평가하는 주체다. 따라서 어
떤 분배 제도나 어떤 전환 유형들이 정의로운 것으로 간주될
수 있는가는 궁극적으로 성원들의 합의에 의한다. 롤스와 마
찬가지로 사회적 합의가 중시되는 이유이다. 왈쩌도 '안전과
복지'를 평등의 중요한 수단으로 간주하면서 사회 합의 혹은
사회 계약의 중요성을 다음과 같이 강조한다.

> 사회 계약이란 그 공동체의 구성원들이 자신들의 자원을 자신들의 필
> 요에 관한 공유된 이해와 일치하는 방향으로, 즉 구체적인 현행 정치
> 적 결정들에 맞게 재분배하고자 하는 합의이다. 따라서 계약은 도덕
> 적 유대다. 계약은 강자와 약자, 행운아와 불운아, 부자와 빈자를 함
> 께 연결시킨다. 이 과정에서 계약은 역사, 문화, 종교, 언어 등으로부
> 터 힘을 끌어오면서 이해관계의 모든 차이들을 초월하는 연합을 창출
> 시킨다. … 이 연합이 친밀할수록 포용적일수록 필요는 더욱 광범위
> 하게 인정될 것이며, 또한 더욱더 많은 수의 가치들이 안전과 복지의
> 영역으로 유입될 것이다.[8]

그렇다면 이런 목적을 성취하기 위한 사회 계약은 어떻게 가
능한가? 사회 계약은 국가(정치권력)와 시민사회, 시민사회 내
부의 이질적 사회 집단들이 서로 불만을 표하지 않고 최소한의
만족을 갖게 되는 기준에 관한 것이다. 그것은 반복적 처벌 비

---

8 마이클 왈쩌(1999), 앞의 책, p. 152.

용을 치른 뒤에 서서히 찾아온다. 그러나 국가와 시민사회의 노력에 의해 사회적 학습 기간을 줄일 수 있다면 그다지 큰 처벌 비용을 치르지 않아도 될지 모른다. 우리는 외환위기 사태 때 너무나 큰 비용을 이미 치렀다.

에필로그

다원적 평등을 정착시키기 위한 사회 협약은 도대체 가능한 것인가? 가능하다면, 어떻게 만들 수 있는가? 이 글에서 전개한 다양한 논의에도 불구하고 우리는 다시 이런 난감한 질문에 당면한다.

이 글이 결론으로 제시한 다원적 평등은 단지 이론적 구성물일 뿐이지만, 현실적 이해 충돌을 해결할 수 있는 합의점이 함축되어 있다. 이것을 실천의 장으로 옮기는 것이 사회 협약이라면, 사회 협약은 이미 정치 영역의 문제가 된다. 왈쩌가 사회 협약을 정치적 문제로 규정하는 까닭도 바로 그것이다. 왈쩌의 말처럼, "강자와 약자, 행운아와 불운아, 부자와 빈자를 함께 연결시키고, 역사·문화·종교·언어 등으로부터 힘을 끌어오면서 이해관계의 모든 차이들을 초월하는 연합을 창출시키는" 사회 협약은 '예술로서의 정치' 그 자체이다.

우리는 이런 협치적(協治的) 전통과 정치 기제를 유럽의 근현대 정치사에서 목격한다. 협치의 조건은 간단하다. 이익 극대화보다 손해 최소화를 중시하는 마음, 개별 이익보다 공동 이익을 우선시하는 마음, 그를 위한 양보와 배려가 전제 조건이다. 유럽의 협치적 전통을 부러워하면서도 정작 양보의 기억이 없는 빈곤한 정치가 한국의 정치 현실이다.

우리에겐 아직 '사회적 정의'가 무엇인지에 대한 정확한 합의가 존재하지 않는다. 사회적 정의 개념의 혼선은 개혁 정치를 좌절시키는 장애물로 작용한다. 대부분의 개혁 정치에서 계급별·집단별로 서로 서로 다른 사회 정의의 개념이 첨예한 이해 충돌을 야기했다. 조세 개혁이 그랬고, 복지 정책이 그랬으며, 지역사회 정책이 그랬다.

이해 충돌의 담론들은 급기야 거리시위로 발전하기도 했고 정국의 혼란을 가중시키기도 했다. 활발한 토론은 적극 권장되었으나 대부분 계급 간, 세대 간, 집단 간 반목과 증오감으로 마감되었다. '우리와 다른 그들'을 확인할 뿐인 토론은 생산적이 아니다. 반목의 사회적·경제적 비용을 지난 몇 년간 충분히 치렀다고 판단한다. 그렇다면 사회 협약으로 나아가야 할 시점이 되었다. 사회 협약은 어려운 것이 아니다. 서로의 기대를 낮춰 잡으면 합의점이 보인다.

이런 의미에서 양보와 배려의 관습을 습득하는 것은 이 책에서 강조한 사회적 자본으로서 '교양'의 중요한 덕목이다. 교양은 길거리에서, 직장에서, 경제와 정치전선에서 조우하는 다른 사람, 다른 집단과의 관계를 선진화(先進化)한다. 교양은 시대와 역사를 동료들과, 시민들과 같이 바라보도록 만드는 사회적 자본(social capital)이다. 2만 달러 시대와 더불어 '교양의 시대'를 열어야 한다. 자유와 평등의 상호 견제와 균형이 그렇게 싹터 사회적 합의로 나가는 기초를 닦는다. 선진국 진입의 문턱에서 가장 절실한 것은 이런 교양에 기초한 협약 정치이며, 협약 정치의 전제는 양보와 배려의 기억을 쌓는 일이다. 이 글에서 고찰한 평등주의적 심성을 사회 발전의 원동력으로 발화시키는 '품격 있는 정치'야말로 민주주의의 다음 과제일 것이다.

덧붙이는 글 :
사색적 독자들께

평등주의는 습속(習俗)이 아니라 '불공정 경쟁'의 유산이다. 필자는 이 간결한 '구조적 명제'에 동의한다. 이 책에서 주절주절 이야기하고자 하는 바를 한마디로 축약했기 때문이다.

그러나 평등주의적 심성, 뒤집어 말해 '불평등에 대한 관용 결핍증'이 집단심(集團心)의 중핵(中核)인 '듯하다'는 필자의 흐릿한 명제를 입증하는 데에 실패했다는 지적에 대해서는 동의하지 않는다. 입증이 이 책의 목적이 아니라, 평등주의적 심성이 한국 사회 도처에 지피는 불만의 불꽃들을 묘사하고 그 불꽃 속에서 광란의 춤을 추는 온갖 갈등의 실체를 드러내고 싶었기 때문이다.

'드러내기'는 사회과학자들이 해야 할 일차적 과제이고, 그것의 인과관계를 밝히는 것은 그 다음 과제이다. 말하자면, 세간의 비판들은 필자에게 이차적 과제를 요구했던 셈인데, 그 요구는 '한국의 평등주의 II'를 기획하고 있는 필자에게 적지 않은 격려가 된다. 언제 착수할지 필자 자신도 모르는 '평등주의 II'는 인과관계를 포함, 관용결핍증의 기원·기능·결과를

---

* 이 글은 교수신문 제393호(2006년 4월 10일자)에 실린 글입니다.

규명하는 방대한 작업이 되리라고 꿈꾸기는 한다.

그래서 이 밑그림은 적어도 필자에게는 대단히 중요하다. 소책자 형태로 꾸며진 이 밑그림은 필자에게는 '생각의 지도'이고 사색적 독자에게는 '이해의 지도'이기 때문이다. 탐험가에게는 말[馬]이 쉬어가는 휴게소, 옛날식으로 말하면 역참(驛站) 같은 것을 군데군데 표시해놓은 지도가 유용하다. 칭기즈칸의 군대가 발명했다고 전해지는 역참제는 부다페스트와 모스크바에서 출발한 연락병이 몽고의 수도 카라코룸에 무사히 도착하도록 길을 안내하는 정거장이었다. 이 책에는 몇 개의 중요한 역참이 있다.

'평등주의적 심성은 한국인의 마음에 내장된 일종의 습속이다'라는 매우 과감한 명제가 그것이다. 그것을 증명해보라는 사회과학적 요구는 한국 역사와 사회에 대한 종합적 관찰을 필요로 한다. 조선시대 일반 백성들의 마음을 읽고, 서원을 지키는 양반, 선비집단과 관직에 진출한 고위관료들의 경학(經學)을 해독해야 한다. 조선 말기, 신분질서가 무너지고 서양문물이 밀려들어올 때 개화파의 세계관에 평등주의가 어떤 형태로 싹텄는가를, 식민시대를 거치면서 다시 어떻게 굴절, 왜곡되었는가를 살펴야 한다.

이런 것 외에도, 인구밀도가 높고 서로 어깨를 맞대고 사는 생활양식이 오래 지속된 지역에서는 남과 견주는 습성이 자연스럽게 발달될 수 있다는 인류학적 가설도 검토해볼 필요가 있

을 것이다. '동네에는 비밀이 없다'는 우리식 공동체의 관습에
는 항시적 감시와 비교의 눈길이 작동하고 있다. 감시는 공동
체 구성원에게 항상 도덕적이기를 강제하고, 비교는 서로 평등
해질 것을 부추긴다.

'교양 없는 중산층'의 탄생은 또 다른 역참이다. 듣기에는
조금 거북한 이 말은 서양의 중산층에 견주면 부정할 수 없는
사실이다. 중산층은 한국 사회를 꾸려나갈 독자적 가치관, 그
것도 상층과 하층이 동의하고 동참할 수 있는 소중한 가치관을
만들어내었는가라고 질문해보면 답은 매우 궁색하다. 소중하
기는커녕, 이른바 '민중적' 가치관과 담론에 밀려 허우적거리
는 것이 요즘 한국 사회의 풍경이다.

이런 지적에 대해 보수니 진보니 하는 이념적 굴레를 씌우려
하지 말고, 우선 중산층이 성장해온 역사적 궤적과 그것에서
드러나는 중산층의 탐욕에 대해 성찰하는 것이 중요하다. 중
산층을 중산층답게 만드는 필수요소를 '자유'라고 한다면, 중
산층은 자유이념을 권위주의체제에 저당 잡히고 '성장' 행진
에 가담했다. 아니, 그렇게 할 수밖에 없었다.

'1987년의 6·10 항쟁은 무엇인가'라고 반문해봐야, 탐욕에
매몰된 중산층의 습성은 이후의 민주화 과정에서 더욱 증폭되
었을 뿐, '자유'에 수반되는 도덕·의무·배려·계층적 자존
심 등에는 소홀했음을 지적받아야 한다. 교양은 중산층에게
자존심의 원천이자 세계관의 골격이다. 그러나 민주화 과정과

거듭되는 경제위기 속에서 재산축적의 열기를 더욱 내뿜었던 것은 중산층이었다.

이것이 '자유주의로 견제되지 않은 평등' 이 진보이념과 결합하게 되는 한국적 메커니즘이다. 한국의 민주화는 민주주의의 양 축인 자유와 평등을 모두 '권리' 개념으로 인식하도록 만들었다는 점이 다른 국가의 민주화와 구별되는 특징이다.

민주화 공간에서 갑작스럽게 형성된 자유-권리-평등의 삼각 고리는 이후의 전개 과정에서 중산층의 '자유-권리' 와 하층의 '평등-권리' 로 양분되었고, 급기야는 양 계급의 권리투쟁으로 번졌다. 평등주의가 결국은 공정성(fairness) 문제라면, 공정성은 권리투쟁의 공간에 던져져 계급적 이해충돌과 보수/진보의 일대 격돌을 낳았다.

평등 없는 자유는 무의미하지만, 자유 없는 평등은 급진화한다. 자유주의로 견제되지 않은 평등이념이 분출되는 모습을 우리는 자주 목격했는데, 이것의 역사적·사회적·정치적 배경을 규명하지 않으면 어떤 협력 시도도 결렬된다. 현정권에서 그토록 강조한 소중한 가치, '대화와 토론' 이 일방적 강요로 귀결되었던 원인이기도 하다.

'자유주의로 정제되지 않은 평등' 의 사회과학적, 인문학적 배경을 밝히는 일이 필자가 다소 성급하게 끄집어낸 협치(協治)의 전제 조건이다. 그러나 평등주의적 심성이 활화산처럼 타오르게 된 배경을 밝히고 사회성원들이 왜 서로에게 강도 높은 불만과 분노를 표출해왔는가를 다소나마 이해하게 된다면, 협약 정치를 통한 사회적 합의에 도달하는 것이 그렇게 어려운 일은 아닐 것이다.

삼성경제연구소가 **SERI 연구에세이** 시리즈를 발간합니다.

SERI 연구에세이는 우리시대의 과제에 대한 지식인들의 직관과 지혜, 그리고 통찰력을 담아 한국 사회가 가야 할 방향을 밝히고 구체적인 정책대안을 제시하는 메시지입니다.